힘을 다하여
주님께 헌신하라

이 소중한 책을

특별히 _____님께

드립니다.

김장환 목사와 함께
주제별 설교 · 성경공부 · 예화 자료

• • •

힘을 다하여
주님께 헌신하라

나침반

목차

서문

플로렌스 나이팅게일은 서른 살 때 이런 일기를 썼습니다.
"이제 더 이상 유치한 일이나 허무한 것들을 바라지 말자. 서른 살 때에 자신의 사명을 시작하셨던 예수님의, 나를 향하신 뜻만을 생각하고 행동하자."

수년 후 국민들은 나이팅게일을 부러워하였는데 그렇게 된 생활의 비밀을 묻는 질문에 "글쎄요, 저는 하나님께 감춰온 것이 아무것도 없는 생활을 해 왔다는 것 외에는 드릴 말씀이 없습니다"라고 대답했습니다.

무디는 "나는 하나님이 완전히 헌신된 사람을 사용하셔서 일하신다고 믿는다"라고 외쳤는가 하면, 숨지는 순간까지 하나님께 자신을 드린 데이비드 리빙스턴은 "나는 결코 헌신해 본 적이 없습니다. 제 생활은 헌신이라기보다는 특권이라고 말해야 좋을 것 같습니다. 우리를 위해서 십자가에 높이 달려 돌아가신 그리스도의 은혜를 생각할 때 우리는 헌신이라는 말을 감히 쓸 수가 없기 때문입니다"라고 말했습니다.

그렇다면 우리를 구원하기 위하여 목숨을 바치신 그리스도에 대한 우리의 헌신의 자세는 어떠한지… 곰곰이 생각해 봅시다.

이 책은 그동안 출판한 책들과는 성격이 다르게, 다음과 같이 크게 세 부분으로 구성되어 있습니다.

첫째, 헌신에 대한 설교의 중심 내용을 요약 정리하여 사용하기에 편리하도록 편집하였고,

둘째, 한국 교회 성장에 크게 기여했던 구역 모임이나 그룹 성경공부에 적절하게 사용할 수 있도록 헌신에 맞는 성경공부 교재를 만들어 넣었으며,

셋째, 설교나 여러 모임에서 적절하게 활용하면 좋을 헌신에 필요한 예화를 수록하였습니다.

세상에서 주님을 간절히 증거할 진정한 그리스도인이 그 어느 때보다 필요한 오늘날입니다. 이 한 권의 책으로 변화된 성도들이 복음의 전달자로 바로 서며 한 번 더 뜨거운 부흥이 온 땅을 뒤덮게 되기를 소망합니다.

헌신에 대한 명언들

● 하나님께 무엇을 드릴 수 있을까? 하고 무척 애쓰지만 우선 당신 자신부터 먼저 바치라. 당신 자신이 아니면 주님이 당신에게서 무엇을 요구하시겠는가? – 어거스틴

● 우리 자신을 하나님께 바치는 것은 하늘나라에 간 즐거움의 절반은 된다. 헌신은 하나님을 기쁘시게 하는 일도 되지만 우리 자신에게도 축복의 즐거움이 된다. – 모렐

● 한 시간에 1,500리를 비행하는 비행기라도 익숙한 비행사의 조종에 의해서만 그 기능이 나타날 수 있다. 비록 죽은 당나귀 턱뼈라도 삼손의 수중에 있을 때 천 명의 블레셋 군인을 무찌르는 도구가 되었다. 시내에서 주운 돌 한 개지만 다윗의 수중에 있을 때 거인 골리앗을 이기는 무기가 되었다. – 작자 미상

● 어떤 종류의 희생 없이 어떤 실제적인 일이 이루어진 적이 있는가? – 헬프스

● 양초는 자신을 소비하며 남을 밝게 해준다. – H.G. 보운

- 자기희생은 다른 사람에게도 부끄러움 없이 자기 자신을 희생할 수 있게 한다. – 버나드 쇼

- 헌신은 순종의 어머니이다. – 다니엘

- 나는 하나님이 완전히 헌신된 사람을 사용하셔서 일하시는 것을 믿는다. – 무디

- 나의 왕. 나의 생명, 나의 모든 것 되시는 주님이시여, 나는 다시 한번 내 전 생애를 당신께 드리나이다. – 리빙스턴

- 가장 귀중한 사랑의 가치는 희생과 헌신이다. – 그라시안

- 다른 사람을 위하여 희생을 하는 것이야말로 진정한 사랑이다. 다른 사람과 다른 살아있는 모든 것들을 위하여 나를 버리는 이런 사랑이야말로 진정한 사랑이고, 이런 사랑에서 우리는 복된 삶과 더불어 세상에 나온 보답을 얻으며 세상의 머릿돌이 되는 것이다. – 톨스토이

- 모든 위대한 사람들의 발자취를 보라. 그들이 걸어온 길은 고난의 길이며 자기 희생의 길이었다. 자기를 희생할 줄 아는 사람만이 위대해질 수 있다. – G.E. 레싱

1

서론

헌신이란 "바치다, 선별하다, 헌납하다, 또는 하나님의 영광을 위해 봉헌하다"라는 의미이다. 다시 말해 헌신이란 하나님의 영광을 위하여 나 자신을 하나님께 드려, 하나님의 뜻대로 살아 가는 것을 의미한다. 헌신은 죄가 없는 완전한 상태를 의미하는 것이 아니라, 전적으로 하나님을 믿고 하나님께 자신을 드리는 것을 뜻한다. 그러므로 헌신을 하기 위해 흥분이 고조된 감정이나 갑작스러운 충동이 반드시 필요한 것은 아니다.

1. 헌신이란 무엇인가?

(1) 헌신은 나 자신을 하나님께 드리는 것을 의미한다(롬 12:1 / 롬 6:12-14 / 벧전 4:2).

(2) 헌신은 하나님께 전심전력하는 것을 의미한다(왕하 10:30,31 / 대하 22:9 / 렘 29:13).

(3) 헌신은 하나님께로의 분리를 의미한다(민 6:12 / 롬 12:2).

2. 누가 헌신할 수 있는가?

우리는 흔히 부흥사경회나 수양회와 같은 특별한 날에 특별한 사람들만이 헌신을 하는 것처럼 알고 있다. 그리고 하나님께 헌신을 하면 이제까지 생활했던 자기의 일상적인 생활을 모두 중단해야 하는 것처럼 생각하는 사람들도 있다.

그러나 하나님께서는 모든 그리스도인에게 헌신할 것을 원하고 계신다. 사도 바울은 로마서 12장 1절에서 헌신을 권면하면서 특별한 사람들에게 헌신을 요구한 것이 아니라, 로마에 있는 하나님을 믿는 모든 형제들에게 요구하였다.

물론 하나님께서 특별한 경우에 특별한 사람들을 특별한 방법으로 부르신 경우도 있지만 일단 그리스도를 믿고 하나님의 자녀가 된 모든 그리스도인은 하나님께 헌신하여 하나님의 뜻대로 살아야 한다.

3. 왜 헌신해야 하는가?

(1) 하나님께서 원하시기 때문에(롬 12:1)

(2) 우리는 하나님의 뜻을 위하여 지음을 받았기 때문에(렘 18:5-12 / 사 29:16 / 사 45:9 / 롬 9:19-23)

(3) 하나님께서 값없이 은혜로 우리들을 구원해 주셨기 때문에(엡 2:8,9 / 딛 3:5)

(4) 우리가 하나님의 뜻대로 살 때 가장 행복하고 만족된

삶을 살 수 있기 때문에(요 10:10 / 시 23편)

(5) 우리의 헌신을 통하여 하나님의 일이 이루어지므로

4. 어떻게 헌신할 수 있는가?

(1) 하나님께서 나에게 무엇을 원하시는가를 깨달으라(롬 12:2).

(2) 그것을 하나님의 뜻으로 확신하고 받아들이라(살전 2:13).

(3) 하나님의 뜻을 이루기 위하여 어떻게 해야 하는가를 계획하라.

(4) 장래를 보장할 수 없거나 또는 커다란 희생이 따른다 할지라도 주님을 신뢰하고 하나님의 뜻대로 행하라(창 12:1-3 / 창 22:1-19 / 히 11:24, 25 / 마 4:19-22 / 빌 3:1-16).

(5) 인내를 가지고 그 뜻을 계속 이루어 나가라(계 3:10 / 딤후 4:10).

5. 무엇을 헌신해야 하는가?

(1) 우리의 몸(육체) (고전 6:19,20 / 고후 5:10 / 롬 12:1)

(2) 우리의 시간(엡 5:15-17)

(3) 우리의 재능(고전 4:7 / 마 25:14-30)

(4) 우리의 소유(마 6:24,25 / 눅 12:15 / 히 13:5)

(5) 우리의 마음(마 22:37)

이 외에도 하나님께서 특별한 경우에 특별한 것을 요구하실 때 우리는 그것을 하나님께 드려야 한다(마 6:33).

6. 헌신의 방해물

- 장래에 대한 걱정
- 하나님에 대한 불신
- 사람에 대한 부끄러움
- 현 상태에 대한 미련
- 하나님의 뜻에 대한 확신 부족

7. 하나님과 헌신과의 관계

- 하나님은 우리의 헌신을 기대하신다.

- 하나님은 우리의 헌신을 이루어주신다.
- 하나님은 우리의 헌신을 받으신다.
- 하나님은 우리의 헌신을 유지시켜 주신다.
- 하나님은 우리의 헌신을 축복해 주신다.

"때에 그 스랍의 하나가 화저로 단에서 취한바 핀 숯을 손에 가지고 내게로 날아와서 그것을 내 입에 대며 가로되 보라 이것이 네 입에 닿았으니 네 악이 제하여졌고 네 죄가 사하여졌느니라 하더라 내가 또 주의 목소리를 들은즉 이르시되 내가 누구를 보내며 누가 우리를 위하여 갈꼬 그 때에 내가 가로되 내가 여기 있나이다 나를 보내소서" – 이사야 6장 6–8절

2

헌신에 대한 설교

1. 한 가지 부족한 것

"예수께서 길에 나가실째 한 사람이 달려와서 꿇어 앉아 묻자오되 선한 선생님이여 내가 무엇을 하여야 영생을 얻으리이까 예수께서 이르시되 네가 어찌하여 나를 선하다 일컫느냐 하나님 한분 외에는 선한 이가 없느니라 네가 계명을 아나니 살인하지 말라, 간음하지 말라, 도적질하지 말라, 거짓 증거하지 말라, 속여 취하지 말라, 네 부모를 공경하라 하였느니라 여짜오되 선생님이여 이것은 내가 어려서부터 다 지키었나이다 예수께서 그를 보시고 사랑하사 가라사대 네게 오히려 한 가지 부족한 것이 있으니 가서 네 있는 것을 다 팔아 가난한 자들을 주라 그리하면 하늘에서 보화가 네게 있으리라 그리고 와서 나를 좇으라 하시니 그 사람은 재물이 많은고로 이 말씀을 인하여 슬픈 기색을 띠고 근심하며 가니라" – 마가복음 10장 17-22절

서론

건강이 있다고 너는 자랑하지 말라
너는 기도할 수 있느냐
만일 네가 기도할 수 없다면
너는 말 못하는 벙어리며

만일 네가 주를 보지 못하면
너는 눈먼 소경이다
네가 다리가 있다 하나
만일 네가 주께 가지 못하고 있다면
너는 다리 있는 불구이다
너는 주께 회개하라
너는 주께 호소하라
입을 열어 주시며 눈에 안약 바르시며
네 다리 고치시는 주께 기도하라
그러면 네게 아름다운 흰옷 입히시리라.

뇌성마비로 태어나 17년간 하나님을 미워하고 저주하고, 부모를 원망하고 삶을 포기하며 방황하다가 예수님을 영접하고 변화되어, 이 시를 비롯한 380편의 시를 쓴 송명희 자매는 신체를 마음대로 쓸 수 없어 고통이 심하고 여러 가지로 불편하다. 그러나 그녀는 누구보다도 하나님을 사랑하는 마음을 가지고 있다. 세상에 미련 없이, 재물에 미련 없이, 명예에 미련 없이 그녀는 오직 하나님께 영광을 돌리려는 순수한 사랑을 가지고 있다.

그런데 오늘 본문에 등장하는 젊은 청년은 환경적으로는 아무 부족함이 없었지만 하나님에 대하여 한 가지 부족한 것이 있었다.

1. 청년의 장점(17절)

(1) 그는 핑계하지 않고 예수님께 나아왔다.

"예수께서 길에 나가실쌔 한 사람이 달려와서…" – 마가복음 10장 17절

오늘날 예수님께로 나아오는 것을 여러 가지 이유로 미루는 사람들이 많이 있다.

- 학생이기 때문에 공부를 마치고 나서
- 부모님이 돌아가신 후에
- 사업의 기반을 잡고 나면
- 술, 담배를 끊은 후에
- 아직은 너무 젊기 때문에

성경에서도 예수님의 초대를 거절한 사람들이 있었다.

"이르시되 어떤 사람이 큰 잔치를 배설하고 많은 사람을 청하였더니 잔치할 시간에 그 청하였던 자들에게 종을 보내어 가로되 오소서 모든 것이 준비되었나이다 하매 다 일치하게 사양하여 하나는 가로되 나는 밭을 샀으매 불가불 나가 보아야 하겠으니 청컨대 나를 용서하도록 하라 하고 또 하나는 가로되 나는 소 다섯 겨리를 샀으매 시험하러 가니 청컨대 나를 용서하도록 하라 하고 또 하나는 가로되 나는 장가 들었으니 그러므로 가지 못

하겠노라 하는지라" - 누가복음 14장 16-20절

　하지만 오늘 본문에 등장하는 젊은 청년은 마치 삭개오처럼 핑계대지 않고 주저없이 예수님께 달려 나왔다.

　"예수께서 그곳에 이르사 우러러 보시고 이르시되 삭개오야 속히 내려오라 내가 오늘 네 집에 유하여야 하겠다 하시니 급히 내려와 즐거워하며 영접하거늘" - 누가복음 19장 5,6절

(2) 그는 겸손하였다.

　"예수께서 길에 나가실째 한 사람이 달려와서 꿇어 앉아…" - 마가복음 10장 17절

그는 예수님 앞에 꿇어 앉는 겸손한 청년이었다.

- 침례(세례) 요한이 겸손한 삶을 살았다.
  "그는 흥하여야 하겠고 나는 쇠하여야 하리라 하니라"
  - 요한복음 3장 30절

- 베드로가 겸손의 교훈을 가르쳤다.
  "젊은 자들아 이와 같이 장로들에게 순복하고 다 서로 겸손으로 허리를 동이라 하나님이 교만한 자를 대적하시되 겸손한 자들에게는 은혜를 주시느니라 그러므로 하나님의 능하신 손 아래서 겸손하라 때가 되면 너희를 높이시리라" - 벧전 5장 5,6절

앤드류 머레이는 우리가 겸손해야 하는 이유를 세 가지로
설명하였다.

첫째, 우리는 피조물이기 때문에 겸손해야 한다.

둘째, 우리는 죄인이기 때문에 겸손해야 한다.

셋째, 우리는 성도이기 때문에 겸손해야 한다.

(3) 그는 영생에 대한 관심이 있었다.

> "…선한 선생님이여 내가 무엇을 하여야 영생을 얻으리
> 이까" – 마가복음 10장 17절

다른 사람들이 율법과 기적에만 관심을 쏟고 있을 때 그는
영생에 대한 진지한 관심이 있었다. 하지만 영생은 우리의
선한 행위에 의하여 얻을 수 있는 것이 아니고 하나님의 은
혜에 의하여 주어지는 것이다.

> "너희가 그 은혜를 인하여 믿음으로 말미암아 구원을
> 얻었나니 이것이 너희에게서 난 것이 아니요 하나님의
> 선물이라 행위에서 난 것이 아니니 이는 누구든지 자랑
> 치 못하게 함이니라" – 에베소서 2장 8,9절
>
> "너희 목마른 자들아 물로 나아오라 돈 없는 자도 오라
> 너희는 와서 사 먹되 돈 없이, 값 없이 와서 포도주와 젖
> 을 사라 너희가 어찌하여 양식 아닌 것을 위하여 은을
> 달아 주며 배부르게 못할 것을 위하여 수고하느냐 나를
> 청종하라 그리하면 너희가 좋은 것을 먹을 것이며 너희

마음이 기름진 것으로 즐거움을 얻으리라 너희는 귀를 기울이고 내게 나아와 들으라 그리하면 너희 영혼이 살리라 내가 너희에게 영원한 언약을 세우리니 곧 다윗에게 허락한 확실한 은혜니라"- 이사야 55장 1-3절

"우리를 구원하시되 우리의 행한바 의로운 행위로 말미암지 아니하고 오직 그의 긍휼하심을 좇아 중생의 씻음과 성령의 새롭게 하심으로 하셨나니"- 디도서 3장 5절

(4) 그는 윤리적 생활을 하였다.

"여짜오되 선생님이여 이것은 내가 어려서부터 다 지키었나이다"- 마가복음 10장 20절

- 살인하지 말라 - 그는 사람을 죽이지 않았다.
- 간음하지 말라 - 그는 깨끗한 생활을 하였다.
- 도적질하지 말라 - 그는 자기 소유에 만족하였다.
- 거짓 증거하지 말라 - 그는 다른 사람을 모함하지 않았다.
- 속여 취하지 말라 - 그는 정직한 생활을 하였다.
- 부모를 공경하라 - 그는 인간의 도리를 다하였다.

한 마디로 그는 외형적으로 모든 조건을 갖춘 청년이었다. 하지만 우리는 본문을 통하여 그 청년이 가진 몇 가지 단점을 발견할 수 있다.

2. 청년의 단점

(1) 그는 형식적 교육만 받았다(20절).

"또 네 이웃을 사랑하고 네 원수를 미워하라 하였다는 것을 너희가 들었으나 나는 너희에게 이르노니 너희 원수를 사랑하며 너희를 핍박하는 자를 위하여 기도하라 이같이 한즉 하늘에 계신 너희 아버지의 아들이 되리니 이는 하나님이 그 해를 악인과 선인에게 비취게 하시며 비를 의로운 자와 불의한 자에게 내리우심이니라 너희가 너희를 사랑하는 자를 사랑하면 무슨 상이 있으리요 세리도 이같이 아니하느냐 또 너희가 너희 형제에게만 문안하면 남보다 더 하는 것이 무엇이냐 이방인들도 이같이 아니하느냐 그러므로 하늘에 계신 너희 아버지의 온전하심과 같이 너희도 온전하라" – 마태복음 5장 43–48절

그 당시 이스라엘 백성들은 율법의 참 의미를 깨닫지 못한 채 율법의 의무 조항에 매여 율법을 형식적으로만 지키는 경향이 많았다. 그러므로 예수께서는 산상수훈을 통하여 율법의 진정한 의미를 교훈하셨다. 오늘 본문에 등장하는 이 청년도 다른 이스라엘 백성과 마찬가지로 율법의 진정한 의미를 깨닫지 못한 채 형식적인 교육만을 받았다.

오늘날 교회에 출석하는 교인 중에는 이 청년과 비슷한 사

람들이 많이 있다.

- 십계명을 알지만 지키지 않는 사람들
- 주기도문을 외우지만 행하지 않는 사람들
- 사랑장(고전 13장)을 알고 있지만 실천하지 않는 사람들

그는 어떻게 하는 것이 옳은 일인가는 알고 있었지만 그것을 그대로 행하지는 않았다. 주님은 그와 같은 사람을 가리켜 다음과 같이 책망하셨다.

"이러므로 그의 열매로 그들을 알리라 나더러 주여 주여 하는 자마다 천국에 다 들어갈 것이 아니요 다만 하늘에 계신 내 아버지의 뜻대로 행하는 자라야 들어가리라 그 날에 많은 사람이 나더러 이르되 주여 주여 우리가 주의 이름으로 선지자 노릇하며 주의 이름으로 귀신을 쫓아 내며 주의 이름으로 많은 권능을 행치 아니하였나이까 하리니 그때에 내가 저희에게 밝히 말하되 내가 너희를 도무지 알지 못하니 불법을 행하는 자들아 내게서 떠나가라 하리라" – 마태복음 7장 20–23절

사도 요한은 우리에게 다음과 같이 권면하였다.

"자녀들아 우리가 말과 혀로만 사랑하지 말고 오직 행함과 진실함으로 하자" – 요한1서 3장 18절

야고보도 말하기를 "이러므로 사람이 선을 행할줄 알고도 행치 아니하면 죄니라"(약 4:17)라고 하였다.

(2) 그는 예수님의 크신 사랑을 버렸다(21,22절).

"예수께서 그를 보시고 사랑하사 가라사대 네게 오히려 한 가지 부족한 것이 있으니 가서 네 있는 것을 다 팔아 가난한 자들을 주라 그리하면 하늘에서 보화가 네게 있으리라 그리고 와서 나를 좇으라 하시니 그 사람은 재물이 많은고로 이 말씀을 인하여 슬픈 기색을 띠고 근심하며 가니라" – 마가복음 10장 21,22절

재물을 버리고 예수님을 좇으라는 주님의 말씀에 그는 근심하며 돌아갔다. 그는 예수님의 커다란 사랑보다 물질을 더 사랑하였던 것이다. 하지만 이 세상에서 가장 큰 것은 바로 예수님의 사랑이며, 그 사랑을 빼앗을 것은 아무것도 없다.

"누가 정죄하리요 죽으실 뿐아니라 다시 살아나신 이는 그리스도 예수시니 그는 하나님 우편에 계신 자요 우리를 위하여 간구하시는 자시니라 누가 우리를 그리스도의 사랑에서 끊으리요 환난이나 곤고나 핍박이나 기근이나 적신이나 위험이나 칼이랴 기록된바 우리가 종일 주를 위하여 죽임을 당케 되며 도살할 양 같이 여김을 받았나이다 함과 같으니라 그러나 이 모든 일에 우리

를 사랑하시는 이로 말미암아 우리가 넉넉히 이기느니라 내가 확신하노니 사망이나 생명이나 천사들이나 권세자들이나 현재 일이나 장래 일이나 능력이나 높음이나 깊음이나 다른 아무 피조물이라도 우리를 우리 주 그리스도 예수 안에 있는 하나님의 사랑에서 끊을 수 없으리라" - 로마서 8장 34-39절

(3) 그는 예수님의 말씀에 순종하지 않았다(23-26절).

"예수께서 제자들에게 이르시되 내가 진실로 너희에게 이르노니 부자는 천국에 들어가기가 어려우니라 다시 너희에게 말하노니 약대가 바늘귀로 들어가는 것이 부자가 하나님의 나라에 들어가는 것보다 쉬우니라 하신대 제자들이 듣고 심히 놀라 가로되 그런즉 누가 구원을 얻을 수 있으리이까 예수께서 저희를 보시며 가라사대 사람으로는 할 수 없으되 하나님으로서는 다 할 수 있느니라" - 마태복음 19장 23-26절

이 말씀은 오늘 본문에 등장하는 젊은 청년을 두고 하신 말씀이다. 복음서에서 예수께 왔다가 그냥 돌아간 사람은 이 청년밖에 없다. 하지만 우리는 성경을 통하여 많은 것을 희생하고서도 하나님을 따랐던 사람들을 찾아볼 수 있다.

① 아브라함은 고향을 버리고 하나님께 순종하였다 (창 12:1-3).

② 모세는 바로 왕의 공주의 아들이라 칭함을 거절하면서 믿음의 길을 걸었다(히 11:24,25).

③ 사도 바울은 모든 명예를 배설물로 여기고 주님을 따랐다(빌 3:7-10).

(4) 그에게는 한 가지 부족한 것이 있었다(21,22절).

"예수께서 그를 보시고 사랑하사 가라사대 네게 오히려 한 가지 부족한 것이 있으니 가서 네 있는 것을 다 팔아 가난한 자들을 주라 그리하면 하늘에서 보화가 네게 있으리라 그리고 와서 나를 좇으라 하시니 그 사람은 재물이 많은고로 이 말씀을 인하여 슬픈 기색을 띠고 근심하며 가니라" - 마가복음 10장 21,22절

예수께서는 그 청년을 사랑하셨기 때문에 그에게 지금 가지고 있는 물질을 다 버리고 예수님을 따르라고 말씀하셨다. 그런데 예수님께서는 그에게 그가 가지고 있는 것을 버리라고만 요구하신 것이 아니라, 그가 모든 것을 버리고 예수님을 따르면 하늘에서는 그보다 더 큰 보화가 있을 것이라고 약속하셨다. 그러나 그 청년은 물질적이고 현세적인 귀중함만 알았지 영적이며 내세적인 가치를 알지 못하였다. 한 마디로 그에게는 영적인 가치를 분별하는 능력이 부족하였다. 우리는 나에게 부족한 것, 그것을 주님께 드려 온전히 주님을 섬기는 삶을 살아야 한다.

2. 제자의 대가

"이에 예수께서 제자들에게 이르시되 아무든지 나를 따라 오려거든 자기를 부인하고 자기 십자가를 지고 나를 좇을 것이니라 누구든지 제 목숨을 구원코자 하면 잃을 것이요 누구든지 나를 위하여 제 목숨을 잃으면 찾으리라 사람이 만일 온 천하를 얻고도 제 목숨을 잃으면 무엇이 유익하리요 사람이 무엇을 주고 제 목숨을 바꾸겠느냐 인자가 아버지의 영광으로 그 천사들과 함께 오리니 그 때에 각 사람의 행한대로 갚으리라" – 마태복음 16장 24-27절

서론

오늘날 곳곳에서 제자 훈련이 진행되고 너나 할 것 없이 제자라는 용어를 사용하고 있지만 제자의 진정한 의미를 아는 사람은 별로 없다. 또한 어떤 곳에서 진행되는 일정 기간의 제자 훈련을 받고 자기가 제자인 것처럼 자부하며 살아가는 사람도 많지만 제자가 갖추어야 할 삶의 자질이 어떤 것인지 모르는 사람도 많다.

예수께서는 오늘 본문 말씀을 통하여 어떤 사람이 제자이며 제자가 마땅히 지불해야 할 대가가 어떤 것인가를 분명히

말씀하셨다.

1. 제자의 의미는 무엇인가?

(1) 제자는 따르는 사람을 의미한다.

① 침례(세례) 요한을 따르던 사람들을 요한의 제자라고 말하였다(막 2:18).

② 바리새인을 따르던 사람들을 바리새인의 제자라고 말하였다(막 2:18).

③ 예수님을 따르던 무리들을 제자라고 말하였다(요 6:66).

예수 그리스도의 제자는 예수님을 믿고 따르는 사람을 의미한다.

(2) 제자는 배우는 사람을 의미한다.

구약성경에서는 제자라는 말이 세 번 등장하는데 이사야 50장 4절에서는 '학자'로, 이사야 54장 13절에서는 '교훈을 받다'라는 말로, 그리고 역대상 25장 8절에서는 '제자'로 번역되었다.

다시 말해 제자란 스승의 곁에서 인격과 학문을 배우는 사람을 의미한다. 그러므로 예수 그리스도의 제자는 성경 말씀을 통하여 예수님의 삶과 교훈을 배우는 사람을 의미한다.

(3) 제자는 보냄을 받은 사람을 의미한다.

제자는 다른 말로 '사도'라고도 하는데 이는 '보내심을 받은 사람'을 의미한다. 그러므로 예수 그리스도의 제자는 단지 예수님에 대하여 바울뿐만 아니라 예수님께서 보내시는 곳에 가서 예수님을 대신하여 예수님께서 원하시는 사역을 하는 사람을 의미한다.

2. 제자가 지불해야 할 대가는 무엇인가?

(1) 자기를 부인해야 한다(24절).

"…아무든지 나를 따라오려거든 자기를 부인하고…"

– 마태복음 16장 24절

① 예수께서는 자기를 부인하는 삶을 사셨다.
- 하늘의 보좌를 버리고 마구간에서 태어나셨다.
- 어린 시절, 피난 생활을 하셨다.
- 30년 동안 목수 생활을 하셨다.
- 공생애를 사는 동안 머리 둘 곳이 없었다.
- 무화과 열매로 배를 채우려 하셨다.
- 배에서 곤히 잠들기도 하셨다.

② 성경은 자기를 부인하는 삶을 가르치고 있다.

● 죽으면 산다.

"…한 알의 밀이 땅에 떨어져 죽지 아니하면 한 알 그대로 있고 죽으면 많은 열매를 맺느니라"– 요한복음 12장 24절

"누구든지 제 목숨을 구원코자 하면 잃을 것이요 누구든지 나를 위하여 제 목숨을 잃으면 찾으리라"– 마태복음 16장 25절

● 겸손하면 높아진다.

"젊은 자들아 이와 같이 장로들에게 순복하고 다 서로 겸손으로 허리를 동이라 하나님이 교만한 자를 대적하시되 겸손한 자들에게는 은혜를 주시느니라 그러므로 하나님의 능하신 손 아래서 겸손하라 때가 되면 너희를 높이시리라"– 베드로전서 5장 5,6절

● 약하면 강해진다.

"형제들아 너희를 부르심을 보라 육체를 따라 지혜 있는 자가 많지 아니하며 능한 자가 많지 아니하며 문벌 좋은 자가 많지 아니하도다 그러나 하나님께서 세상의 미련한 것들을 택하사 지혜 있는 자들을 부끄럽게 하려 하시고 세상의 약한 것들을 택하사 강한 것들을 부끄럽게 하려 하시며 하나님께서 세상의 천한 것들과 멸시 받는 것들과 없는 것들을 택하사 있는 것들을 폐하려 하시나니 이는 아무 육체라도 하나님 앞에서 자랑하지 못하게 하려 하심이라"– 고린도전서 1장 26–29절

③ 하지만 인간은 자기 중심적이다.

● 자기 중심적일 때 다툼이 발생한다.

"너희 중에 싸움이 어디로, 다툼이 어디로 좇아 나느뇨 너희 지체 중에서 싸우는 정욕으로 좇아 난 것이 아니냐" – 야고보서 4장 1절

● 자기 중심적일 때 오해가 발생한다.

● 자기 중심적일 때 시기와 질투가 발생한다.

● 자기 중심적으로 기도하면 응답을 받지 못한다.

"구하여도 받지 못함은 정욕으로 쓰려고 잘못 구함이니라" – 야고보서 4장 3절

④ 자기 부인이란 외형적인 것이 아니라 내적인 자세를 의미한다.

"…마땅히 생각할 그 이상의 생각을 품지 말고 오직 하나님께서 각 사람에게 나눠주신 믿음의 분량대로 지혜롭게 생각하라" – 로마서 12장 3절

"서로 마음을 같이 하며 높은데 마음을 두지 말고 도리어 낮은데 처하며 스스로 지혜 있는체 말라" – 로마서 12장 16절

(2) 자기 십자가를 져야 한다(24절).

"…아무든지 나를 따라 오려거든 자기를 부인하고 자기 십자가를 지고…" – 마태복음 16장 24절

① 자기 자신을 아는 것은 어려운 일이다.

● 이 세상에서 가장 쉬운 일은 다른 사람을 비판하는 일이며 이 세상에서 가장 어려운 일은 자기 자신을 아는 일이다(마 7:1-5).

● 공자의 예 : 어느 날 위령공이 공자에게 말하기를 "백성 중에 이사할 때 자기 아내를 잃어버리고 이사한 바보가 있었다"라고 말하자 공자는 "세상에서 아내를 잃어버리고 이사하는 바보보다 더 심한 바보, 즉 아내보다 더 가까운 자기를 잃어버리고 다니는 바보도 있다"라고 응대하였다.

● 버나드 쇼 : 노벨 문학상을 수상한 그에게 신문사에서 현재 위대한 작가 열두 명을 추천하라고 부탁하자 그는 처음부터 끝까지 자기 자신만을 이야기했다고 한다.

② 자기 십자가의 의미

● 자기 십자가란 책임을 전가하지 말라는 의미이다.

아담은 하와에게, 하와는 뱀에게 책임을 전가하여 하나님께 용서를 받지 못하고 많은 벌을 받았다(창 3:11-19).

● 자기 십자가란 자기 분수에 맞는 생활을 의미한다.

어느 날 독수리가 양 새끼를 움켜 쥐고 날아가는 것을 본 까마귀는 순식간에 욕심이 생겨 그도 한 번 독수리같이 시도하였다. 양을 잡고 움켜 쥐기는 하였는데 힘이 달려 결코 날 수가 없었다. 할 수 없이 포기했지만 양털에 발톱이 끼어서 결국 목동에게 잡히고 말았다.

● 자기 십자가란 고난을 의미한다.

아벨은 형 가인에게 죽임을 당하였다(창 4:1-8).

아브라함은 독자 이삭을 바쳐야 하는 고난을 당하였다 (창 22:1-10).

요셉은 모함을 받아 감옥에 갇혔다(창 39:7-20).

이스라엘 백성들은 애굽에서 많은 핍박을 받았다(출 2:23).

의인 욥은 이유 없이 많은 고난을 받았다.

다니엘은 사자 굴에 갇혔다(단 6:10-18).

사도 바울도 여러 가지 고난을 당하였다(고전 4:11 / 고후 6:5).

● 자기 십자가란 사랑을 의미한다.

우리는 마음과 뜻과 정성을 다하여 하나님을 사랑해야 한다.

우리는 부모를 사랑해야 한다.

우리는 같은 그리스도인을 사랑해야 한다.

우리는 원수도 사랑해야 한다.

● 자기 십자가란 용서를 의미한다.

"그러므로 예물을 제단에 드리다가 거기서 네 형제에게 원망 들을만한 일이 있는 줄 생각나거든 예물을 제단 앞

에 두고 먼저 가서 형제와 화목하고 그 후에 와서 예물을 드리라" - 마태복음 5장 23,24절

"그 때에 베드로가 나아와 가로되 주여 형제가 내게 죄를 범하면 몇번이나 용서하여 주리이까 일곱번까지 하오리이까 예수께서 가라사대 네게 이르노니 일곱번 뿐 아니라 일흔번씩 일곱번이라도 할찌니라" - 마태복음 18장 21,22절

(3) 예수 그리스도를 좇아야 한다(24절).

"…아무든지 나를 따라 오려거든 자기를 부인하고 자기 십자가를 지고…" - 마태복음 16장 24절

① 베드로는 예수님을 따랐다.
"말씀하시되 나를 따라 오너라 내가 너희로 사람을 낚는 어부가 되게 하리라 하시니 저희가 곧 그물을 버려 두고 예수를 좇으니라" - 마태복음 4장 19,20절

학식도 없고 재물도 없고 명예도 없던 어부였지만 베드로는 예수님을 따라 크게 변화되어 오순절 때 3,000명 이상을 회개시키는 등 하나님의 큰일을 하였다.

② 바울도 예수님을 따랐다.

"그러나 무엇이든지 내게 유익하던 것을 내가 그리스도를 위하여 다 해로 여길뿐더러 또한 모든 것을 해로 여김은 내 주 그리스도 예수를 아는 지식이 가장 고상함을 인함이라 내가 그를 위하여 모든 것을 잃어버리고 배설물로 여김은 그리스도를 얻고 그 안에서 발견되려 함이니 내가 가진 의는 율법에서 난 것이 아니요 오직 그리스도를 믿음으로 말미암은 것이니 곧 믿음으로 하나님께로서 난 의라" – 빌립보서 3장 7-9절

학식과 명예를 다 버리고 예수님을 따랐던 바울은 위대한 선교사로서 이방 세계에 복음을 전하였으며 신약의 절반 이상을 기록하였다.

하지만 나폴레옹을 따랐던 사람들은 그와 더불어 망했고 히틀러를 따랐던 사람들도 그와 더불어 망했다. 우리가 무엇을 따르느냐에 따라 우리의 운명과 내세가 좌우된다.

"이에 예수께서 제자들에게 이르시되 아무든지 나를 따라 오려거든 자기를 부인하고 자기 십자가를 지고 나를 좇을 것이니라" – 마태복음 16장 24절

제자는 자기를 부인하고 자기 십자가를 지며 매일 예수 그리스도를 좇아야 한다.

3. 힘을 다하여

"예수께서 베다니 문둥이 시몬의 집에서 식사하실 때에 한 여자가 매우 값진 향유 곧 순전한 나드 한 옥합을 가지고 와서 그 옥합을 깨뜨리고 예수의 머리에 부으니… 예수께서 가라사대… 저가 내게 좋은 일을 하였느니라… 저가 힘을 다하여 내 몸에 향유를 부어 내 장사를 미리 준비하였느니라 내가 진실로 너희에게 이르노니 온 천하에 어디서든지 복음이 전파되는 곳에는 이 여자의 행한 일도 말하여 저를 기념하리라 하시니라…" – 마가복음 14장 3–11절

서론

오늘 본문에 등장하는 마리아는 예수님으로부터 큰 칭찬을 받았다. 그녀가 예수님께 칭찬받은 이유는 무엇 때문인가? 그녀는 설교를 한 적도 없고 기적도 베풀지 않았다. 또한 그녀는 병원도 세우지 않았고 교회도 건축하지 않았다. 그런데 그녀는 공생애가 얼마 남지 않은 주님으로부터 큰 칭찬을 받았다.

1. 마리아의 봉사

어느 날 예수께서 베다니 문둥이 시몬의 집에서 식사를 하고 계실 때 마리아가 값진 향유가 든 옥합을 가지고 와서 그 옥합을 깨뜨리고 예수님의 머리에 부었다. 마리아가 부은 향유의 가격은 약 삼백 데나리온에 해당하였는데 데나리온은 당시 은전의 명칭으로, 한 데나리온이 보통 남자의 하루 품삯에 해당하였다. 그러므로 삼백 데나리온은 오늘날 가격으로 환산하면 약 삼천만 원에 해당하는 값진 물건이었다.

뿐만 아니라 그 당시 유대인에게는 결혼하지 않은 처녀가 혼인할 때 쓰기 위하여 옥합에 향유를 정성껏 모으는 풍습이 있었다. 그러므로 마리아가 예수님께 부은 향유는 마리아의 결혼 준비물이었다고 말할 수 있다. 마리아는 자기의 가장 귀한 것을 예수님을 위하여 사용한 것이다.

그런데 예수님의 제자들은 마리아의 봉사를 보고 그 봉사의 의미를 생각하지 않고 그 액수만을 생각하여 마리아를 책망하였다. 그러나 예수님은 마리아의 봉사를 기뻐하시며 칭찬하셨다.

예수님은 마리아의 봉사를 인정하셨다.

(1) 예수님은 그녀의 봉사를 칭찬하셨다.

"…가만 두어라 너희가 어찌하여 저를 괴롭게 하느냐 저가 내게 좋은 일을 하였느니라" – 마가복음 14장 6절

(2) 예수님은 그녀의 봉사를 기념하셨다.

"내가 진실로 너희에게 이르노니 온 천하에 어디서든지 복음이 전파되는 곳에는 이 여자의 행한 일도 말하여 저를 기념하리라 하시니라" – 마가복음 14장 9절

(3) 예수님은 그녀의 봉사를 받아주셨다.

"…가만 두어라 너희가 어찌하여 저를 괴롭게 하느냐…" – 마가복음 14장 6절

예수님은 마리아의 봉사를 받아주셨다. 그러나 예수님께서 모든 봉사를 받아주시는 것은 아니다.

① 예수님은 라오디게아 교회의 봉사를 받지 않으셨다.

"네가 이같이 미지근하여 더웁지도 아니하고 차지도 아니하니 내 입에서 너를 토하여 내치리라" – 요한계시록 3장 16절

② 예수님은 아나니아와 삽비라의 예물을 받지 않으셨다.

"아나니아라 하는 사람이 그 아내 삽비라로 더불어 소유를 팔아 그 값에서 얼마를 감추매 그 아내도 알더라 얼마를 가져다가 사도들의 발 앞에 두니 베드로가 가로되 아나니아야 어찌하여 사단이 네 마음에 가득하여 네

가 성령을 속이고 땅값 얼마를 감추었느냐 땅이 그대로 있을 때에는 네 땅이 아니며 판 후에도 네 임의로 할 수가 없더냐 어찌하여 이 일을 네 마음에 두었느냐 사람에게 거짓말 한 것이 아니요 하나님께로다 아나니아가 이 말을 듣고 엎드러져 혼이 떠나니 이 일을 듣는 사람이 다 크게 두려워하더라" – 사도행전 5장 1–5절

③ 하나님은 가인의 제물을 받지 않으셨다.

"가인과 그 제물은 열납하지 아니하신지라 가인이 심히 분하여 안색이 변하니" – 창세기 4장 5절

④ 예수님께서도 이 일을 경계하셨다.

"나더러 주여 주여 하는 자마다 천국에 다 들어갈 것이 아니요 다만 하늘에 계신 내 아버지의 뜻대로 행하는 자라야 들어가리라" – 마태복음 7장 21절

2. 마리아의 봉사의 성격

(1) 즉흥적인 봉사였다.

"예수께서 베다니 문둥이 시몬의 집에 계실 때에 한 여자가 매우 귀한 향유 한 옥합을 가지고 나아와서 식사하시는 예수의 머리에 부으니" – 마태복음 26장 6,7절

● 그녀는 다른 사람이 권면해서 봉사한 것이 아니었다.

- 그녀는 다른 사람이 알아주기 때문에 봉사한 것이 아니었다.
- 그녀는 다른 사람의 부탁을 받아서 봉사한 것이 아니었다.
  - 셰익스피어의 걸작은 즉흥적이었다.
  - 셸리의 작품도 즉흥적이었다.
  - 모차르트의 작곡도 즉흥적이었다.
  - 터너의 그림도 즉흥적이었다.
  - 단테의 신곡도 즉흥적이었다.

(2) 희생적인 봉사였다.

"저가 힘을 다하여 내 몸에 향유를 부어 내 장사를 미리 준비하였느니라"- 마가복음 14장 8절

"네 마음을 다하고 목숨을 다하고 뜻을 다하고 힘을 다하여 주 너의 하나님을 사랑하라 하신 것이요 둘째는 이것이니 네 이웃을 네 몸과 같이 사랑하라 하신 것이라 이에서 더 큰 계명이 없느니라"- 마가복음 12장 30,31절

"내가 진실로 진실로 너희에게 이르노니 한 알의 밀이 땅에 떨어져 죽지 아니하면 한 알 그대로 있고 죽으면 많은 열매를 맺느니라"- 요한복음 12장 24절

(3) 용기 있는 봉사였다.

- 예수님께서 식사하시는데도 그녀는 용기 있게 봉사하

였다.

● 사람들 앞에서 그녀는 용기있게 봉사하였다.

"이러므로 사람이 선을 행할줄 알고도 행치 아니하면 죄니라"– 야고보서 4장 17절

(4) 기회가 적절한 봉사였다.

어떤 봉사는 시기적으로 늦을 때가 있는데 마리아의 봉사는 가장 알맞은 시기에 행한 봉사였다.

카알 라일은 부인이 죽은 다음에 이렇게 고백하였다.

"오, 내가 사랑하는 아내를 한 번만 더 보았으면, 5분이라도 만났으면 사랑을 고백할 텐데… 그는 내가 사랑하는 것을 알지 못하고 갔어."

3. 봉사의 교훈

봉사는 그리스도인의 의무이기보다는 커다란 축복이며 특권이다. 하나님의 사랑을 받아 구원을 받은 그리스도인이 하나님과 이웃을 섬기는 것은 커다란 기쁨이다. 우리의 구주 예수 그리스도께서 봉사의 본을 친히 보여 주셨다.

"인자의 온 것은 섬김을 받으려 함이 아니라 도리어 섬기려 하고 자기 목숨을 많은 사람의 대속물로 주려 함이

니라"–마가복음 10장 45절

(1) 예수 그리스도의 봉사

① 예수 그리스도의 봉사의 동기는 사랑이다(요 10:15).

② 예수 그리스도의 봉사의 목적은 영혼 구원과 섬김이다 (막 10:45).

③ 예수 그리스도는 자기 목숨을 바쳐 섬기었다(요 10:11,15).

(2) 봉사의 대상

우리의 봉사의 대상은 살아계신 하나님과 이웃이다.

● 하나님은 우리의 창조주이며 구속자이시기 때문에 우리는 하나님께 봉사하여야 한다.

● 모든 교인은 한 지체이기 때문에 우리는 이웃을 섬겨야 한다.

(3) 봉사의 자세

● 청지기 의식으로 봉사하여야 한다.

● 서로 서로 도우며 봉사하여야 한다.

● 하나님께 영광 돌리는 봉사를 하여야 한다.

(4) 봉사의 유익

① 기쁨이 있다(빌 4:4-7).

② 하나님께서 물질적인 축복을 주신다(레 26:3).

③ 하나님께서 재앙에서 지켜주신다(레 26:14-39).

"각각 은사를 받은대로 하나님의 각양 은혜를 맡은 선한 청지기 같이 서로 봉사하라" - 베드로전서 4장 10절

우리도 마리아처럼 자기에게 맡겨진 본분에 힘을 다하여 봉사하여야 한다.

4. 하나님이 부르시는 사람

"웃시야왕의 죽던 해에 내가 본즉 주께서 높이 들린 보좌에 앉으셨는데 그 옷자락은 성전에 가득하였고 스랍들은 모셔 섰는데 각기 여섯 날개가 있어 그 둘로는 그 얼굴을 가리었고 그 둘로는 그 발을 가리었고 그 둘로는 날며 서로 창화하여 가로되 거룩하다 거룩하다 거룩하다 만군의 여호와여 그 영광이 온 땅에 충만하도다 이 같이 창화하는 자의 소리로 인하여 문지방의 터가 요동하며 집에 연기가 충만한지라 그 때에 내가 말하되 화로다 나여 망하게 되었도다 나는 입술이 부정한 사람이요 입술이 부정한 백성 중에 거하면서 만군의 여호와이신 왕을 뵈었음이로다 때에 그 스랍의 하나가 화저로 단에서 취한바 핀 숯을 손에 가지고 내게로 날아와서 그것을 내 입에 대며 가로되 보라 이것이 네 입에 닿았으니 네 악이 제하여졌고 네 죄가 사하여졌느니라 하더라 내가 또 주의 목소리를 들은즉 이르시되 내가 누구를 보내며 누가 우리를 위하여 갈꼬 그 때에 내가 가로되 내가 여기 있나이다 나를 보내소서 여호와께서 가라사대 가서 이 백성에게 이르기를 너희가 듣기는 들어도 깨닫지 못할 것이요 보기는 보아도 알지 못하리라 하여 이 백성의 마음으로 둔하게 하며 그 귀가 막히고 눈이 감기게 하라 염려컨대 그들이 눈으로 보고 귀로 듣고 마음으로 깨닫고 다시 돌아와서 고침을 받을까 하노라" – 이사야 6장 1–10절

서론

기독교에는 국경이 없지만 기독교인에게는 각자의 조국이 있다. 모든 그리스도인은 자기의 조국을 사랑해야 한다.

오래전 한국 전쟁 후 신문에 다음과 같은 기사가 발표된 적이 있다. 당시 우리나라 초등학생의 총수는 3,535,263명이었는데, 그 가운데 70만 명이 한 끼를 굶고 등교하며, 20만 명은 두 끼를 굶고 학교에 다닌다는 것이다. 물론 오래전의 일이긴 하지만 이 모든 것이 전쟁의 후유증이었다. 그 후 우리나라는 놀라운 속도로 성장하였지만 아직까지도 우리에게는 전쟁의 위험이 도사리고 있다. 이와 같은 상황 속에서 하나님께서는 과연 어떤 사람을 부르시는가?

1. 하나님은 사랑의 사람을 부르신다.

(1) 예수님은 사랑의 삶을 사셨다.

"예수께서 들으시고 배를 타고 떠나사 따로 빈 들에 가시니 무리가 듣고 여러 고을로부터 걸어서 좇아간지라 예수께서 나오사 큰 무리를 보시고 불쌍히 여기사 그 중에 있는 병인을 고쳐 주시니라" – 마태복음 14장 13,14절

(2) 사도 바울이 사랑의 교훈을 가르쳐 말했다.

"…사랑은 오래 참고 사랑은 온유하며 투기하는 자가 되지 아니하며 사랑은 자랑하지 아니하며 교만하지 아니하며 무례히 행치 아니하며 자기의 유익을 구치 아니하며 성내지 아니하며 악한 것을 생각지 아니하며 불의를 기뻐하지 아니하며 진리와 함께 기뻐하고 모든 것을 참으며 모든 것을 믿으며 모든 것을 바라며 모든 것을 견디느니라 사랑은 언제까지든지 떨어지지 아니하나 예언도 폐하고 방언도 그치고 지식도 폐하리라" – 고린도전서 13장 1–8절

(3) 성경을 통해 사랑의 삶을 산 믿음의 선배들을 찾아볼 수 있다.

① 모세는 세상 권세를 버리고 민족을 사랑하였다.

"믿음으로 모세는 장성하여 바로의 공주의 아들이라 칭함을 거절하고 도리어 하나님의 백성과 함께 고난 받기를 잠시 죄악의 낙을 누리는 것보다 더 좋아하고" – 히브리서 11장 24,25절

② 예레미야는 고난을 받으면서도 조국을 사랑하였다.

"어찌하면 내 머리는 물이 되고 내 눈은 눈물 근원이 될꼬 그렇게 되면 살륙 당한 딸 내 백성을 위하여 주야로 곡읍하리로다" – 예레미야 9장 1절

(4) 역사적으로 사랑의 사람들을 발견할 수 있다.

● 방정환 선생님이 어린이들을 극진히 사랑했다.
● 사랑의 원자탄이라 불리는 손양원 목사님이 사랑의 삶을 살았다.

『손양원 목사는 한국 교회의 사랑의 사도이다. 그는 7세에 신앙 생활을 시작하였는데 보통학교 시절의 어린 나이로 신사 참배에 반대하다가 퇴학당한 일도 있다. 그가 일본 동경에서 고학하던 시절, 노방 전도를 나갔다가 신앙적인 깊은 체험을 한 이후로 그는 온전히 주님께 헌신하는 생활을 하였다. 36세에 신학교를 졸업하고 전라남도 여수에 있는 나병 환자 수용소인 애양원의 교회에서 목회를 할 때 나병 환자의 고름을 자기 입으로 빨아 내주기까지 사랑을 베풀며 그들을 지도하니 나병 환자들의 가슴속에는 온통 소망과 감격 어린 신앙의 꽃이 피어나게 되었다.

또한 그는 애양원 교회 시무 중에 일본 경찰에게 체포되어 6년 동안 옥중 성자로서의 투쟁을 하고 해방을 맞았는데, 1948년의 여수 순천 사건 때는 두 아들을 한꺼번에 순교자로 바치는 고통을 겪었다. 그러나 그는 자기 두 아들에게 총질을 한 공산 폭도가 잡혔을 때 그들의 목숨을 건져주고 그들을 양자로 삼기까지 하여 거룩한 사랑을 베풀었다. 이 일은 세계에 알려진 사랑의 이야기이다.』

● 흑인들을 사랑하였던 마틴 루터 킹 목사는 "아직까지도

세계를 움직일 수 있는 힘은 사랑 뿐이다"라고 언급하
였다.
● 나폴레옹은 "나는 무력으로 세계를 정복하려고 하였지
만 실패하였다"라고 말하였다.

2. 하나님은 겸손한 사람을 부르신다.

"주 앞에서 낮추라 그리하면 주께서 너희를 높이시리
라"– 야고보서 4장 10절
"신앙을 가지는 제1의 요건도 겸손이요, 제2의 요건도
겸손이다"– 어거스틴

(1) 겸손의 사례 – 침례(세례) 요한

● 그는 여자가 낳은 자 중에 가장 큰 사람이었다.
● 그런데 그는 "나는 예수님의 신들메도 감당할 수 없다"
라고 겸손하였다
● 또한 그는 "예수님은 흥하여야 하겠고 나는 쇠하여야
하리라"라고 강조하였다.

『웰링톤 장군이 나폴레옹을 물리치고 돌아와 성전에 들어가 예
배를 드릴 때 그 옆에 남루한 사람이 앉아서 같이 기도를 하고 있
었다. 그때 교회의 직원이 와서 남루한 사람에게 장군의 옆에서

비켜나기를 요구하자 웰링톤 장군은 "하나님 앞에서는 모든 사람이 다 귀하다"라고 말하면서 그 직원을 만류하였다. 』

(2) 겸손의 의미

① 자신이 죄인임을 인정하는 것(눅 18:13,14)

② 자신의 불쌍한 상태를 인식하는 것(눅 15:17-21)

③ 자신의 한계를 인정하는 것(왕상 3:6-14)

④ 하나님의 거룩하심을 인정하는 것(사 6:1-8)

⑤ 예수 그리스도의 귀함을 인식하는 것(빌 3:4-10)

(3) 겸손에 대한 주님의 명령

① 제자들이 서로 높아지기 원하여 논쟁을 하였을 때 예수님은 겸손을 교훈하셨다(눅 9:46-48).

② 높은 자리와 지위를 탐하는 바리새인들을 보고 예수님은 겸손을 교훈하셨다(마 23:11).

③ 어떤 바리새인의 잔칫집에서 손님들이 서로 높은 자리를 택하는 것을 보고 예수님은 겸손을 교훈하셨다(눅 14:7-14).

④ 성만찬 때 제자들이 서로 제일 큰 자가 되기를 원할 때 예수님은 겸손을 교훈하셨다(눅 22:24-27).

(4) 겸손한 사람에게 주어지는 축복

① 재물과 영광을 얻는다(잠 22:1).

② 주님께서 높여주신다(약 4:10).

③ 하늘나라에서 큰 자가 된다(마 18:4).

3. 하나님은 희생의 사람을 부르신다.

"…한 알의 밀이 땅에 떨어져 죽지 아니하면 한 알 그대로 있고 죽으면 많은 열매를 맺느니라"– 요한복음 12장 24절

성경에 나타난 희생의 사례

● 아브라함은 자기의 독자 이삭을 하나님께 바쳤다 (창 22:1–14).

● 예수님께서 십자가의 희생을 담당하셨다.

● 사도 바울이 희생의 삶을 살았다.

"또한 모든 것을 해로 여김은 내 주 그리스도 예수를 아는 지식이 가장 고상함을 인함이라 내가 그를 위하여 모든 것을 잃어버리고 배설물로 여김은 그리스도를 얻고 그 안에서 발견되려 함이니…"– 빌립보서 3장 8,9절

『1417년 독일의 뉴른베르그라는 작은 촌락에 알버트 뒤러라는 남자 아이가 태어났다. 그는 그림 공부를 하고 싶었지만 가난한 대장장이 집에서 태어났기 때문에 학교에서 공부할 수가 없었다. 그래서 친구와 서로 이야기를 한 결과 두 사람 중 한 사람이 노동

을 하여 다른 사람의 학비를 대고 그 사람이 공부를 마치면 그와 반대로 해서 다 공부를 하기로 약속했다. 그리하여 알버트 뒤러가 먼저 공부를 시작하고 그의 친구는 열심히 노동을 해서 알버트 뒤러의 학비를 대주었다.

시간이 흘러 알버트 뒤러의 그림이 팔리기 시작하자 그는 친구를 찾아갔다. 친구의 집 문을 열고 막 들어가려는 순간 구석진 곳에서 두 손을 모아 기도하는 친구의 모습이 보였다.
"하나님! 나는 심한 노동으로 인해 이제 그림 공부를 할 수 없게 되었습니다. 그러나 내 사랑하는 친구 알버트 뒤러 만큼은 세계적인 화가가 되게 하여 주시옵소서."
그 기도 소리에 감동을 받은 알버트 뒤러는 스케치 연필을 가지고 친구의 기도하는 손을 그렸다. 이것이 오늘날 세계적인 걸작으로 유명한 『기도의 손』이다.』

하나님은 사랑의 사람, 겸손의 사람, 희생의 사람을 부르신다.

5. 예수님을 따라가는 3대 조건

"조금 더 가시다가 세베대의 아들 야고보와 그 형제 요한을 보시니 저희도 배에 있어 그물을 깁는데 곧 부르시니 그 아비 세베대를 삯군들과 함께 배에 버려두고 예수를 따라가니라" – 마가복음 1장 19,20절

서론

예수님을 따라가기 위해서는 여러 가지 조건이 필요하다. 야고보와 요한은 예수님을 따라가기 위하여 부모와 배를 버렸다. 우리가 예수님을 따르기 위해서도 갖추어야 할 조건이 있다.

1. 생활하던 장소에서 떠나야 한다.

"곧 부르시니 그 아비 세베대를 삯군들과 함께 배에 버려두고 예수를 따라가니라" – 마가복음 1장 20절

(1) 옛 생활을 포기하는 새로운 각오가 필요하다.

① 믿음의 조상 아브라함은 본토와 친척 아비 집을 떠나
  하나님을 따랐다.

"여호와께서 아브람에게 이르시되 너는 너의 본토 친척
아비 집을 떠나 내가 네게 지시할 땅으로 가라 내가 너
로 큰 민족을 이루고 네게 복을 주어 네 이름을 창대케
하리니 너는 복의 근원이 될찌라 너를 축복하는 자에게
는 내가 복을 내리고 너를 저주하는 자에게는 내가 저주
하리니 땅의 모든 족속이 너를 인하여 복을 얻을 것이니
라 하신지라 이에 아브람이 여호와의 말씀을 좇아 갔고
롯도 그와 함께 갔으며 아브람이 하란을 떠날 때에 그
나이 칠십 오세였더라"- 창세기 12장 1-4절

② 엘리사도 그의 생활을 포기하고 엘리야를 따랐다.

"엘리야가 거기서 떠나 사밧의 아들 엘리사를 만나니
저가 열 두 겨리 소를 앞세우고 밭을 가는데 자기는 열
둘째 겨리와 함께 있더라 엘리야가 그리로 건너가서 겉
옷을 그의 위에 던졌더니 저가 소를 버리고 엘리야에게
로 달려가서 이르되 청컨대 나로 내 부모와 입맞추게 하
소서 그리한 후에 내가 당신을 따르리이다 엘리야가 저
에게 이르되 돌아가라 내가 네게 어떻게 행하였느냐 하
니라 엘리사가 저를 떠나 돌아가서 소 한 겨리를 취하여
잡고 소의 기구를 불살라 그 고기를 삶아 백성에게 주어

먹게 하고 일어나 가서 엘리야를 좇으며 수종 들었더라"
　　– 열왕기상 19장 19–21절

③ 베드로도 자기의 생활을 버리고 예수님을 따랐다.

"갈릴리 해변으로 지나가시다가 시몬과 그 형제 안드레
가 바다에 그물 던지는 것을 보시니 저희는 어부라 예수
께서 가라사대 나를 따라 오너라 내가 너희로 사람을 낚
는 어부가 되게 하리라 하시니 곧 그물을 버려 두고 좇
으니라"– 마가복음 1장 16–18절

(2) 자기에게 가장 중요한 것도 포기해야 한다.

"가라사대 죽은 자들로 자기의 죽은 자들을 장사하게
하고 너는 가서 하나님의 나라를 전파하라 하시고"– 누가
복음 9장 60절

(3) 모든 것보다 예수님을 가장 사랑해야 한다.

"무릇 내게 오는 자가 자기 부모와 처자와 형제와 자매
와 및 자기 목숨까지 미워하지 아니하면 능히 나의 제자
가 되지 못하고"– 누가복음 14장 26절

(4) 지난 날의 환경에 미련을 두어서는 안 된다.

"두 사람이 떠날 때에 베드로가 예수께 여짜오되 주여
우리가 여기 있는 것이 좋사오니 우리가 초막 셋을 짓되

하나는 주를 위하여, 하나는 모세를 위하여, 하나는 엘리야를 위하여 하사이다 하되 자기의 하는 말을 자기도 알지 못하더라" - 누가복음 9장 33절

(5) 예수님을 위해 희생한 사람은 축복을 받는다.

"이제 후로는 나를 위하여 의의 면류관이 예비되었으므로 주 곧 의로우신 재판장이 그 날에 내게 주실 것이니 내게만 아니라 주의 나타나심을 사모하는 모든 자에게니라" - 디모데후서 4장 8절

2. 자기 소유를 포기하여야 한다.

"곧 부르시니 그 아비 세베대를 삯군들과 함께 배에 버려두고 예수를 따라가니라" - 마가복음 1장 20절

(1) 하나님과 재물을 겸하여 섬길 수 없다.

"한 사람이 두 주인을 섬기지 못할 것이니 혹 이를 미워하며 저를 사랑하거나 혹 이를 중히 여기며 저를 경히 여김이라 너희가 하나님과 재물을 겸하여 섬기지 못하느니라" - 마태복음 6장 24절

(2) 소유에 대한 애착을 가지면 물질의 종이 될 수 있다.

"돈을 사랑함이 일만 악의 뿌리가 되나니 이것을 사모하는 자들이 미혹을 받아 믿음에서 떠나 많은 근심으로써 자기를 찔렀도다"- 디모데전서 6장 10절

(3) 천국은 이 세상 소유를 다 팔아 살 가치가 있다.

"극히 값진 진주 하나를 만나매 가서 자기의 소유를 다 팔아 그 진주를 샀느니라"- 마태복음 13장 46절

(4) 복음을 위하여 소유를 버리면 백 배 이상의 축복을 받는다.

"금세에 있어 집과 형제와 자매와 모친과 자식과 전토를 백배나 받되 핍박을 겸하여 받고 내세에 영생을 받지 못할 자가 없느니라"- 마가복음 10장 30절

3. 목적을 같이 하여야 한다.

"예수께서 이르시되 손에 쟁기를 잡고 뒤를 돌아보는 자는 하나님의 나라에 합당치 아니하니라 하시니라"- 누가복음 9장 62절

(1) 자신을 포기하여야 한다.

"또 자기 십자가를 지고 나를 좇지 않는 자도 내게 합당

치 아니하니라"– 마태복음 10장 38절

(2) 예수님과 생각이 같아야 한다.

"예수께서 가라사대 가만 두어라 너희가 어찌하여 저를
괴롭게 하느냐 저가 내게 좋은 일을 하였느니라"– 마가복음
14장 6절

(3) 주님을 좇아야 한다.

"한 서기관이 나아와 예수께 말씀하되 선생님이여 어디
로 가시든지 저는 좇으리이다"– 마태복음 8장 19절

(4) 목적지가 같아야 한다.

"누구든지 제 목숨을 구원코자 하면 잃을 것이요 누구
든지 나와 복음을 위하여 제 목숨을 잃으면 구원하리라"
– 마가복음 8장 35절

예수님을 온전히 따르기 위해서는 생활하던 장소에서 떠
나야 하고 자기의 소유를 포기해야 하며 예수님과 목적이 같
아야 한다.

6. 하나님이 귀히 쓰시는 그릇

"큰 집에는 금과 은의 그릇이 있을뿐 아니요 나무와 질그릇도 있어 귀히 쓰는 것도 있고 천히 쓰는 것도 있나니 그러므로 누구든지 이런 것에서 자기를 깨끗하게 하면 귀히 쓰는 그릇이 되어 거룩하고 주인의 쓰심에 합당하며 모든 선한 일에 예비함이 되리라" – 디모데후서 2장 20,21절

서론

오늘날 어떤 회사에서 사원 모집 광고를 내면 모집 인원보다 훨씬 많은 사람들이 응모하지만, 막상 회사에서 사람을 뽑으려고 하면 마음에 드는 사람이 없다는 것이 일상적인 이야기이다.

미국의 여론조사 결과 미국 사람들은 다음과 같은 사람들을 좋아한다는 통계가 발표된 적이 있다.
  1. 정직한 사람
  2. 의지가 강한 사람
  3. 일정한 의견을 가진 사람(이랬다저랬다 하지 않는 사람)
  4. 충성스러운 사람

5. 포부가 큰 사람

6. 기회를 잘 포착하는 사람

7. 자기 특성을 잃지 않는 사람

8. 결단력 있는 사람

9. 직업을 가리지 않는 사람

10. 실패에 낙심하지 않는 사람

하나님은 어떤 사람을 사용하시는지 성경을 통하여 살펴 보자.

1. 하나님은 깨끗한 사람을 사용하신다.

"마음이 청결한 자는 복이 있나니 저희가 하나님을 볼 것임이요"– 마태복음 5장 8절

"처녀마다 차례대로 아하수에로왕에게 나아가기 전에 여자에 대하여 정한 규례대로 열 두달 동안을 행하되 여섯달은 몰약 기름을 쓰고 여섯달은 향품과 여자에게 쓰는 다른 물품을 써서 몸을 정결케 하는 기한을 마치며"– 에스더 2장 12절

(1) 육과 영이 깨끗해야 한다.

"그런즉 사랑하는 자들아 이 약속을 가진 우리가 하나

님을 두려워하는 가운데서 거룩함을 온전히 이루어 육
과 영의 온갖 더러운 것에서 자신을 깨끗케 하자"- 고린도
후서 7장 1절

(2) 마음과 영이 깨끗해야 한다.

"예루살렘아 네 마음의 악을 씻어 버리라 그리하면 구
원을 얻으리라 네 악한 생각이 네 속에 얼마나 오래 머
물겠느냐"- 예레미야 4장 14절

2. 하나님은 빈 그릇을 사용하신다.

"심령이 가난한 자는 복이 있나니 천국이 저희 것임이
요"- 마태복음 5장 3절

(1) 엘리사가 빈 그릇을 사용하여 기적을 일으켰다.

"가로되 너는 밖에 나가서 모든 이웃에게 그릇을 빌라
빈 그릇을 빌되 조금 빌지 말고"- 열왕기하 4장 3절

(2) 빈 그릇은 겸손을 의미한다.

"그러나 더욱 큰 은혜를 주시나니 그러므로 일렀으되
하나님이 교만한 자를 물리치시고 겸손한 자에게 은혜
를 주신다 하였느니라"- 야고보서 4장 6절

하나님께서는 사울과 웃시야 왕이 겸손할 때는 사용하셨지만 그들이 교만할 때는 버리셨다.

3. 하나님은 깨지지 않은 그릇을 사용하신다.

"보라 내가 오늘날 너로 그 온 땅과 유다 왕들과 그 족장들과 그 제사장들과 그 땅 백성 앞에 견고한 성읍, 쇠기둥, 놋성벽이 되게 하였은즉"– 예레미야 1장 18절

(1) 하나님은 강한 사람을 사용하신다.

"마음을 강하게 하라 담대히 하라 너는 이 백성으로 내가 그 조상에게 맹세하여 주리라 한 땅을 얻게 하리라 오직 너는 마음을 강하게 하고 극히 담대히 하여 나의 종 모세가 네게 명한 율법을 다 지켜 행하고 좌로나 우로나 치우치지 말라 그리하면 어디로 가든지 형통하리니 이 율법책을 네 입에서 떠나지 말게 하며 주야로 그것을 묵상하여 그 가운데 기록한대로 다 지켜 행하라 그리하면 네 길이 평탄하게 될 것이라 네가 형통하리라 내가 네게 명한 것이 아니냐 마음을 강하게 하고 담대히 하라 두려워 말며 놀라지 말라 네가 어디로 가든지 네 하나님 여호와가 너와 함께 하느니라 하시니라"– 여호수아 1장 6–9절

(2) 하나님은 헌신된 사람을 사용하신다.

"그러므로 형제들아 내가 하나님의 모든 자비하심으로 너희를 권하노니 너희 몸을 하나님이 기뻐하시는 거룩한 산 제사로 드리라 이는 너희의 드릴 영적 예배니라 너희는 이 세대를 본받지 말고 오직 마음을 새롭게 함으로 변화를 받아 하나님의 선하시고 기뻐하시고 온전하신 뜻이 무엇인지 분별하도록 하라" - 로마서 12장 1,2절

하나님은 깨끗하고 가난하며 강하고 헌신된 사람을 사용하신다.

3

헌신에 대한
성경공부

1. 아브라함의 헌신

"여호와께서 아브람에게 이르시되 너는 너의 본토 친척 아비 집을 떠나 내가 네게 지시할 땅으로 가라 내가 너로 큰 민족을 이루고 네게 복을 주어 네 이름을 창대케 하리니 너는 복의 근원이 될찌라 너를 축복하는 자에게는 내가 복을 내리고 너를 저주하는 자에게는 내가 저주하리니 땅의 모든 족속이 너를 인하여 복을 얻을 것이니라 하신지라 이에 아브람이 여호와의 말씀을 좇아 갔고 롯도 그와 함께 갔으며 아브람이 하란을 떠날 때에 그 나이 칠십 오세였더라"

– 창세기 12장 1–4절

1. 하나님께서 아브라함을 부르시기 전에 그는 어떤 인물이었는가?

"데라의 후예는 이러하니라 데라는 아브람과 나홀과 하란을 낳았고 하란은 롯을 낳았으며 하란은 그 아비 데라보다 먼저 본토 갈대아 우르에서 죽었더라 아브람과 나홀이 장가 들었으니 아브람의 아내 이름은 사래며 나홀의 아내 이름은 밀가니 하란의 딸이요 하란은 밀가의 아비며 또 이스가의 아비더라 사래는 잉태하지 못하므로 자식이 없었더라" – 창세기 11장 27–30절

아브라함이란 인물에 대하여 알아보자.
(1) 그의 부친의 이름은 무엇인가?(27절)

(2) 그의 형제는 누구누구인가?(27절)

(3) 그의 자녀는 몇 명인가?(30절)

(4) 그는 어디에서 생활하였는가?(28-31절)

우리는 하나님께서 어떤 사람을 부르시며 또 어떤 사람이 하나님께 헌신할 수 있다고 생각하는가?

(예를 들면 신앙이 좋은 가정에서 자란 사람, 공부를 잘하는 사람, 재주가 많은 사람…)

아브라함이 태어나서 생활했던 갈대아 우르는 오늘날의 런던이나 뉴욕과 같은 세계 무역의 중심지였다. 그곳은 번잡한 상업 중심지로 고도로 발달된 물질적, 지적 문명을 누리는 곳이었다. 하지만 그곳은 더러운 우상 숭배와 사악한 이방 종교의 중심지이기도 했다. 그곳에서 아브라함의 부친 데라는 하나님이 아닌 우상을 섬기며 생활하였다(수 24:2). 하나님께서는 신실한 믿음의 배경을 가지지 못하고 아무것도 자랑할 것이 없던 아브라함을 믿음의 조상으로 부르신 것이다.

우리는 아직까지도 하나님의 부르심을 받기에 부족하고

하나님께 헌신할 때가 못 되었다고 생각하는가?

> "내가 또 주의 목소리를 들은즉 이르시되 내가 누구를 보내며 누가 우리를 위하여 갈꼬 그 때에 내가 가로되 내가 여기 있나이다 나를 보내소서" – 이사야 6장 8절

하나님께서는 지금도 하나님의 일에 헌신할 사람을 찾고 계신다.

2. 하나님께서 아브라함에게 무엇을 요구하셨는가?

> "여호와께서 아브람에게 이르시되 너는 너의 본토 친척 아비 집을 떠나 내가 네게 지시할 땅으로 가라" – 창세기 12장 1절

세 가지를 찾고 그 의미를 생각해 보자.

(1) 하나님께서 아브라함에게 무엇을 떠나라고 말씀하셨는가?

그 당시 상황에서 본토와 가족들을 떠나 나그네의 삶을 산다는 것은 목숨을 잃는 것이나 마찬가지였다. 왜냐하면 강도와 짐승들의 위험이 항상 뒤따르기 때문이었다. 뿐만 아니라

가족과 헤어져 외롭게 사는 것이 쉬운 일은 아니었다.

(2) 하나님께서 아브라함에게 어디로 가라고 말씀하셨는가?

하나님께서는 아브라함에게 "…로 가라"라고 정확한 장소를 지정하여 말씀하신 것이 아니라 "내가 네게 지시할 땅으로 가라"라고 말씀하셨다. 다시 말해 아브라함은 가야 할 정확한 장소를 지시 받은 것이 아니라 하나님의 지시를 기다리며 무조건 떠나야 했다.

만약 하나님께서 우리에게 가족을 떠나 미지의 땅 아프리카로 가라고 말씀하시면 우리는 어떻게 응답하겠는가?

(3) 아브라함은 하나님의 부르심을 받고 어떻게 응답하였는가?(4절)

믿음의 배경이 그리 좋지 못했던 아브라함도 하나님의 부르심을 받고 그대로 순종하였다. 그의 믿음과 우리의 믿음을 비교하여 보자.

3. 하나님께서 아브라함을 부르신 목적은 무엇인가?

"내가 너로 큰 민족을 이루고 네게 복을 주어 네 이름을

창대케 하리니 너는 복의 근원이 될찌라" – 창세기 12장 2절

(1) 아브라함은 어떤 목적으로 부르심을 받았는가?

(2) 만약 우리가 과거에 하나님께 헌신한 경험이 있다면 그때 우리는 어떤 목적에 헌신하였는가?

하나님께서 우리에게 무엇을 원하실 때는 반드시 뜻이 있다. 분명한 목적도 모르고 무조건 감정적으로 헌신하는 것은 참 헌신이 아니며 부르심의 목적을 분명히 깨닫지 못할 때 헌신하기가 어렵다.

(3) 만약 오늘 하나님께서 우리에게 헌신할 것을 원하신다면 어떤 일에 무슨 목적으로 헌신하기를 원하시겠는가?

4. 하나님께서 아브라함에게 무엇을 약속하셨는가?

"너를 축복하는 자에게는 내가 복을 내리고 너를 저주하는 자에게는 내가 저주하리니 땅의 모든 족속이 너를 인하여 복을 얻을 것이니라 하신지라" – 창세기 12장 3절

하나님께서 아브라함에게 어떤 축복을 약속하셨는가?

하나님은 아무것도 없는 상태에서 천지를 창조하신 전능하신 분이시다. 또한 이 세상에 있는 모든 것이 다 하나님의 것이다.

그러므로 하나님은 우리에게 무엇을 원하시고 가만히 계시는 분이 아니시다. 그보다 훨씬 크게 축복하여 주신다.

아브라함이 하나님을 위하여 잃었던 것(본토 / 친척 / 아비 집)과 하나님께서 그에게 축복하신 것(큰 민족을 이룸 / 이름이 창대케 됨 / 복의 근원이 됨 / 믿음의 조상이 됨)을 비교하여 보자.

우리가 혹시 소유에 대한 애착 때문에 헌신을 망설이고 있다면 그것을 솔직하게 적어 보자.

우리가 그것을 솔직하게 드리면 하나님은 그보다 더 큰 것으로 우리를 축복하실 것이다.

적용

1. 하나님께서는 믿음의 배경이 없던 아브라함을 믿음의 조상으로 부르셨다. 하나님께서는 부족하고 연약한 우리를 부르셔서 하나님의 일에 크게 사용하신다. 우리는 자신을 하나님께 헌신하였는가?

2. 하나님께서는 아브라함에게 본토와 친척, 아비 집을 떠나 하나님이 지시할 땅으로 가라고 말씀하셨다. 하나님께서 우리들을 부르실 때는 항상 무엇인가를 요구하신다. 우리가 그것을 희생하지 못할 때 우리는 하나님께 헌신할 수 없다. 우리는 하나님께서 원하시는 것을 하나님께 드렸는가?

3. 하나님께서 아브라함을 통하여 큰 민족을 이루시려고 그를 부르셨다. 하나님께서는 어떤 목적을 위하여 우리를 부르시는가?

4. 하나님께서는 아브라함이 하나님께 드렸던 것보다 훨씬 더 큰 축복을 베풀어 주셨다. 우리가 하나님께 헌신할 때 항상 무엇인가를 희생해야 하지만 사실 하나님께서는 헌신한 모든 사람에게 그가 희생했던 것보다 더 큰 것으로 보상하여 주신다.

『믿음으로 갈대아 우르를 떠나 한 민족을 이룬 아브라함은 하나님께 자신의 삶에 대한 계획을 맡길 수 있었고 한 걸음씩 자신의 삶을 인도해 주실 것을 확신하였다. 심지어 그의 실패 조차도 회개할 때 하나님께서는 그것을 사용하셔서 극히 아름다운 것을 만들어 내시는 하나님의 손길을 나타내셨다. 아브라함은 믿음으로 출발하여 많은 것을 버렸으나 보다 많은 것을 얻었고 하나님의 선택된 민족의 나라를 세웠다. 그를 통하여 성경이 나왔고 그리스도가 태어나셨으며 그리스도를 통하여 우리가 구원을 얻었다.
    – 블레이크록(E.M. Blaiklock)』

2. 다니엘과 그의 친구들의 헌신

"유다 왕 여호야김이 위에 있은지 삼년에 바벨론 왕 느부갓네살이 예루살렘에 이르러 그것을 에워쌌더니 주께서 유다 왕 여호야김과 하나님의 전 기구 얼마를 그의 손에 붙이시매 그가 그것을 가지고 시날 땅 자기 신의 묘에 이르러 그 신의 보고에 두었더라 왕이 환관장 아스부나스에게 명하여 이스라엘 자손 중에서 왕족과 귀족의 몇 사람 곧 흠이 없고 아름다우며 모든 재주를 통달하며 지식이 구비하며 학문에 익숙하여 왕궁에 모실만한 소년을 데려오게 하였고 그들에게 갈대아 사람의 학문과 방언을 가르치게 하였고 또 왕이 지정하여 자기의 진미와 자기의 마시는 포도주에서 그들의 날마다 쓸 것을 주어 삼년을 기르게 하였으니 이는 그 후에 그들로 왕의 앞에 모셔 서게 하려함이었더라 그들 중에 유다 자손 곧 다니엘과 하나냐와 미사엘과 아사랴가 있었더니 환관장이 그들의 이름을 고쳐 다니엘은 벨드사살이라 하고 하나냐는 사드락이라 하고 미사엘은 메삭이라 하고 아사랴는 아벳느고라 하였더라 다니엘은 뜻을 정하여 왕의 진미와 그의 마시는 포도주로 자기를 더럽히지 아니하리라 하고 자기를 더럽히지 않게 하기를 환관장에게 구하니 하나님이 다니엘로 환관장에게 은혜와 긍휼을 얻게 하신지라 환관장이 다니엘에게 이르되 내가 내 주 왕을 두려워하노라 그가 너희 먹을 것과 너희 마실 것을 지정하셨거늘 너희의 얼굴이 초췌하여 동무 소년들만 못한 것을 그로 보시게 할 것이 무엇이냐 그렇게 되면 너희 까닭에 내 머리가 왕 앞에서 위태하게 되리라 하니라 환관장이 세워 다니엘과 하나냐와 미사엘과 아사랴를 감독하게 한 자에게 다니엘이 말하되 청하오니 당신의 종들을 열흘 동안 시험하여 채식을 주어 먹게 하고 물을 주어 마시게 한 후에 당신 앞에서 우리의 얼굴과 왕의 진미를 먹는 소년들의 얼굴을 비교하여 보아서 보이는대로 종들에게 처분하소서 하매 그가 그들의 말을 좇아 열흘을 시험하더니 열흘 후에 그들의 얼굴이 더욱 아름답고 살이 더욱 윤택하여 왕의 진미를 먹는 모든 소년보다 나아 보인지라 이러므로 감독하는 자가 그들에게 분정된 진미와 마실 포도주를 제하고 채식을 주니라" – 다니엘 1장 1–16절

우리는 다니엘과 그의 친구들의 삶을 통하여 어떤 장소와 어떤 상황에서도 타협하지 않고 신앙을 굳게 지켰던 믿음의 본을 발견할 수 있다.

1. 이방 종교의 제사에 드려진 음식을 먹어야 했을 때

(1) 다니엘 1장 1–7절을 읽고 다니엘과 그의 처한 환경을 살펴보자.

(2) 하나님을 신실하게 섬기던 다니엘과 그의 친구들이 하나님을 섬기지 않던 바벨론에 포로로 잡혀가 어떤

어려움에 처하였는가?(5절)

그때 다니엘은 그 일을 어떻게 하기로 결심하였는가?(8절)

(3) 다니엘이 그의 믿음을 타협하지 않기 위하여 환관장에게 어떤 제의를 하였는가?(8-14절)

만약 우리가 하나님을 알지 못하는 회사에 취직하여 사장이나 직장 상사가 그리스도인이 해서는 안 될 일을 시킨다면 우리는 어떻게 하겠는가?

(4) 하나님께서 다니엘과 그의 친구들의 믿음을 보시고 그들에게 어떤 축복을 주셨는가?(15,16절)

만약 우리가 환경에 눌려 믿음을 타협한 경험이 있다면 그 것을 함께 나누자. 그와 같은 문제가 다시 발생한다면 그때는 어떻게 하겠는가?

우리가 어떤 환경에 처하든지 우리는 우리의 믿음을 굳게 지켜야 한다. 그렇게 할 때 하나님께서 절대 우리를 부끄럽게 하지 않으시고 우리의 믿음을 그대로 지키게 보호하신다.
교회 생활뿐만 아니라 직장 생활과 가정생활, 그리고 친구 관계에서도 올바른 믿음을 유지할 수 있도록 기도하자.

2. 느부갓네살의 명령에 따라 우상 앞에 절해야 했을 때

"느부갓네살왕이 금으로 신상을 만들었으니 고는 육십 규빗이요 광은 여섯 규빗이라 그것을 바벨론 도의 두라 평지에 세웠더라 느부갓네살왕이 보내어 방백과 수령과 도백과 재판관과 재무관과 모사와 법률사와 각 도 모든 관원을 자기 느부갓네살왕의 세운 신상의 낙성 예식에 참집하게 하매 이에 방백과 수령과 도백과 재판관과 재무관과 모사와 법률사와 각 도 모든 관원이 느부갓네살왕의 세운 신상의 낙성 예식에 참집하여 느부갓네살왕의 세운 신상 앞에 서니라 반포하는 자가 크게 외쳐 가로되 백성들과 나라들과 각 방언하는 자들아 왕이 너희 무리에게 명하시나니 너희는 나팔과 피리와 수금과 삼현금과 양금과 생황과 및 모든 악기 소리를 들을 때에 엎드리어 느부갓네살왕의 세운 금신상에게 절하라 누구든지 엎드리어 절하지 아니하는 자는 즉시 극렬히 타는 풀무에 던져 넣으리라 하매 모든 백성과 나라들과 각 방언하는 자들이 나팔과 피리와 수금과 삼현금과 양금과 및 모든 악기 소리를 듣자 곧 느부갓네살왕의 세운 금 신상에게 엎드리어 절하니라" – 다니엘 3장 1-7절

(1) 다니엘 3장 1-7절을 읽고 다니엘의 친구들이 처한 환경을 살펴보자.

(2) 6절을 읽어 보자. 금 신상에 절하지 않으면 큰 벌이 있

다는 사실을 알면서도 다니엘의 친구들이 어떻게 하였는가?(8-12절)

(3) 느부갓네살 왕이 그들에게 어떤 제안을 하였는가?(13-15절)

(4) 권세가 높지 않은 사람들 앞에서는 믿음을 잘 지키다가도 권세가 높은 사람이 타협을 요구할 때 믿음을 저버리는 사람들이 많이 있다. 하지만 느부갓네살 왕의 제안에 그들이 어떻게 반응하였는가?(16-18절)

우리는 권세가 높은 사람이 타협을 요구했기 때문에 믿음을 타협한 경험이 있는가?(직장 / 학교 / 가정 등에서)

(5) 그들이 왕 앞에서도 그들의 믿음을 지킬 수 있었던 두 가지 이유는 무엇인가?

● 17절

● 18절

우리가 하나님의 능력에 대한 신뢰가 없다거나 또는 주님에 대한 참 사랑이 없을 때는 믿음을 유지하기 어렵다.

(6) 그들은 하나님에 대한 믿음을 지키기 위하여 어떤 고 난을 당하였는가?(19–23절)

우리가 주님을 따르고 주님께 헌신할 일에는 반드시 고통과 희생이 뒤따른다. 다니엘의 친구들은 고통을 감수하면서도 믿음을 타협하지 않았다. 그들은 그들의 마음을 전폭적으로 하나님께 헌신하였던 것이다.

(7) 하나님에 대한 믿음을 굳게 지켰던 그들은 어떤 특권을 누릴 수 있었는가?(24–27절)

(8) 다니엘의 친구들의 헌신을 통하여 느부갓네살이 무엇을 깨닫게 되었는가?(28절)

우리의 헌신을 통하여 하나님을 모르는 사람들이 하나님을 알 수 있는 계기가 된다.

다니엘 3장 18절을 깊이 묵상하고 다니엘의 친구들의 믿음을 본받기 위하여 기도하자.

적용

1. 다니엘과 그의 친구들은 하나님을 알지 못하던 나라에 포로로 잡혀

가 그들의 믿음을 타협해야 하는 상황에 직면해서도 하나님의 능력을 믿고 그들의 믿음을 결코 타협하지 않았다. 그들은 어떤 환경에서도 믿음을 지키며 생활하였다. 우리는 어떤 환경에서도 믿음을 지키며 생활하는가?

2. 다니엘의 권세가 왕의 명령에 따라 우상에 절해야 하는 상황에 처하였어도 목숨을 걸고 그들의 믿음을 타협하지 않았다. 그들은 그들의 마음을 하나님께 전폭적으로 헌신하였기 때문이다. 우리는 권세가 높은 사람이 타협을 요구하여도 믿음을 지키는가?

3. 하나님께서는 그들의 헌신된 마음을 보시고 그들에게 전능하신 능력을 나타내셔서 그들의 믿음을 보존하고 지켜주셨다. 그뿐만 아니라 그들의 헌신된 마음을 통하여 하나님을 모르는 사람들에게 하나님의 살아계심을 증거하였다.

『 "다니엘은 고레스 원년까지 살았다."
이 간단한 말에는 많은 의미가 들어있다. 국가의 모든 어려움과 왕의 광란과 그의 후계자들의 죽음과 소용돌이치는 음모와 질투와 책략과 박해 속에서 다니엘은 바람이 몰아치는 사막 속의 기둥과 같이 꿋꿋하게 견디어 냈다. 하나님은 이렇게 그분을 변함없이 의지하는 사람을 지키신다. 이 세상도, 그 영광도 다 지나가지만 하나님의 뜻을 행하는 사람은 영원히 거하는 것이다.
– 알렉산더 맥클라렌(Alexander Maclaren) 』

3. 요셉의 헌신

"요셉이 이끌려 애굽에 내려가매 바로의 신하 시위대장 애굽 사람 보디발이 그를 그리로 데려간 이스마엘 사람의 손에서 그를 사니라 여호와께서 요셉과 함께하시므로 그가 형통한 자가 되어 그 주인 애굽 사람의 집에 있으니 그 주인이 여호와께서 그와 함께하심을 보며 또 여호와께서 그의 범사에 형통케 하심을 보았더라 요셉이 그 주인에게 은혜를 입어 섬기매 그가 요셉으로 가정 총무를 삼고 자기 소유를 다 그 손에 위임하니 그가 요셉에게 자기 집과 그 모든 소유물을 주관하게 한 때부터 여호와께서 요셉을 위하여 그 애굽 사람의 집에 복을 내리시므로 여호와의 복이 그의 집과 밭에 있는 모든 소유에 미친지라 주인이 그 소유를 다 요셉의 손에 위임하고 자기 식료 외에는 간섭하지 아니하였더라 요셉은 용모가 준수하고 아담하였더라 그 후에 그 주인의 처가 요셉에게 눈짓하다가 동침하기를 청하니 요셉이 거절하며 자기 주인의 처에게 이르되 나의 주인이 가중 제반 소유를 간섭지 아니하고 다 내 손에 위임하였으니 이 집에는 나보다 큰이가 없으며 주인이 아무 것도 내게 금하지 아니하였어도 금한 것은 당신 뿐이니 당신은 자기 아내임이라 그런즉 내가 어찌 이 큰 악을 행하여 하나님께 득죄하리이까 여인이 날마다 요셉에게 청하였으나 요셉이 듣지 아니하여 동침하지 아니할 뿐더러 함께 있지도 아니하니라 그러할 때에 요셉이 시무하러 그 집에 들어갔더니 그 집 사람은 하나도 거기 없었더라그 여인이 그 옷을 잡고 가로되 나와 동침하자 요셉이 자기 옷을 그 손에 버리고 도망하여 나가 매 그가 요셉이 그 옷을 자기 손에 버려두고 도망하여 나감을 보고 집 사람들을 불러서 그들에게 이르되 보라 주인이 히브리 사람을 우리에게 데려다가 우리를 희롱하게 하도다 그가 나를 겁간코자 내게로 들어오기로 내가 크게 소리질렀더니 그가 나의 소리질러 부름을 듣고 그 옷을 내게 버려두고 도망하여 나갔느니라 하고 그 옷을 곁에 두고 자기 주인이 집으로 돌아 오기를 기다려 이 말로 그에게 고하여 가로되 당신이 우리에게 데려온 히브리 종이 나를 희롱코자 내게로 들어 왔기로 내가 소리질러 불렀더니 그가 그 옷을 내게 버려두고 도망하여 나갔나이다 주인이 그 아내가 자기에게 고하기를 당신의 종이 내게 이같이 행하였다 하는 말을 듣고 심히 노한지라 이에 요셉의 주인이 그를 잡아 옥에 넣으니 그 옥은 왕의 죄수를 가두는 곳이었더라 요셉이 옥에 갇혔으나" – 창세기 39장 1–20절

1. 젊음을 헌신했던 요셉

(1) 요셉이 노예로 팔려 집에 있을 때 하나님으로부터 어떤 축복을 받았는가?(1–6절)

(2) 요셉이 비록 노예로 팔리기는 했지만 하나님의 축복을 받아 형통한 삶을 누리고 있을 때 그에게 어떤 유혹이 다가왔는가?(7절)

만약 우리에게 그와 같은 유혹이 찾아왔다면 우리는 어떻게 하겠는가?

(3) 그때 요셉이 그 물리친 이유 중 가장 중요한 두 가지 이유는 무엇인가?(8,9절)

여러 가지 유혹이 찾아왔을 때 당신이 그 유혹을 뿌리친다면 그 이유는 무엇 때문인가? 하나님에 대한 신앙 때문인가, 아니면 인간의 도리나 부끄러움 때문인가?

만약 인간의 도리나 다른 사람에 대한 부끄러움 때문에 유혹을 거절한다면 그는 아무도 보지 않는 곳에서 그 유혹에 넘어가기 쉽다. 우리가 유혹을 물리쳐야 하는 가장 큰 이유는 보이지 않는 하나님에 대한 신앙 때문이어야 한다.

"여호와의 눈은 어디서든지 악인과 선인을 감찰하시느니라"– 잠언 15장 3절

"하나님은 모든 행위와 모든 은밀한 일을 선악간에 심판하시리라"– 전도서 12장 14절

(4) 보디발의 아내의 유혹이 어느 정도로 강했으며 그때 요셉은 그 유혹을 뿌리치기 위하여 적극적으로 어떤 행동을 하였는가?(10절)

오늘날 우리가 피해야 할 장소는 어떤 곳들인가?

"사람이 불을 품에 품고야 어찌 그 옷이 타지 아니하겠으며"- 잠언 6장 27절

우리는 유혹을 받아 망설이다가 유혹의 일부분을 허용하여 아예 그 유혹에 푹 파묻히게 된 경험이 없는가?

(5) 11-13절에 나타난 요셉의 깨끗함을 묵상하자. 특히 11절 말씀을 깊이 살펴보자.

보는 사람이 아무도 없었음에도 불구하고 요셉은 끝까지 깨끗함을 잃지 않았다. 그 당시 요셉은 자기 민족이 아닌 애굽에서, 아무도 자기를 아는 사람이 없는 곳에서 생활하였다. 우리는 혹시 아무도 보는 사람이 없기 때문에 범죄한 경우는 없는가?(예를 들면 지방 출장 중이거나 또는 멀리 여행할 때…)

만약 요셉이 그의 젊음을 하나님께 헌신하지 않았다면 그와 같은 깨끗함을 유지하기 어려웠을 것이다. 이는 그가 당한 유혹이 단순히 인간적인 도덕심만으로는 극복하기 힘든 것이었기 때문이다.

오늘날도 마찬가지다.

타락과 부패로 오염된 오늘의 사회 속에서 우리 그리스도

인들이 젊음을 하나님께 헌신하지 않고는 견디기 어려운 상황들이 너무 많다. 우리는 청년의 정욕을 하나님께 헌신하였는가?

(6) 보디발의 아내의 유혹을 거절한 요셉이 어떤 어려움을 당하였는가?(13–20절)

깨끗함을 유지한다는 것은 그리 쉬운 일이 아니다. 그만한 대가를 지불해야 하기 때문이다. 오늘날 깨끗함을 유지하기 위하여 우리가 지불해야 할 대가는 어떤 것들이 있는가?

(예를 들면, 친구 관계나 직장 동료들로부터의 소외…)

하나님께서는 우리가 그와 같은 희생에도 불구하고 깨끗함을 유지하기 원하신다.

> "너희는 이 세대를 본받지 말고 오직 마음을 새롭게 함으로 변화를 받아 하나님의 선하시고 기뻐하시고 온전하신 뜻이 무엇인지 분별하도록 하라" – 로마서 12장 2절

하나님께서는 우리가 이 세대를 본받지 않고 우리의 몸을 하나님께 헌신하기 원하신다. 잠시 기도하는 시간을 갖고 우리의 젊음을 하나님께 헌신하는 기도를 드리자.

2. 재능을 헌신했던 요셉

요셉은 꿈의 사람이다. 하나님께서는 그에게 어릴 때부터 꿈을 주셨으며(창 37:5-11) 동시에 그 꿈을 해석하는 능력도 주셨다. 하나님께서 우리에게는 어떤 재능을 주셨는가?

(1) 요셉은 애굽에서 두 번 그의 재능을 사용하였다. 다시 말해, 두 가지 꿈을 해석하였다. 그 사건을 찾아보자.

● 창세기 40:1-23

● 창세기 41:1-36

요셉은 자기의 재능을 필요로 할 때가 오면 그 재능을 묻어 두지 않고 성실하게 사용하였다.

우리는 하나님께서 우리에게 주신 재능을 하나님과 이웃을 섬기는 일에 성실하게 사용하고 있는가?

(2) 요셉은 자기의 재능으로 하나님께 영광을 돌렸다.

창세기 40장 8절과 41장 16절에 나타난 요셉의 자세를 살펴보자.

우리는 혹시 하나님께서 은혜로 우리에게 주신 재능을 가지고 우리 자신이 영광을 받는다거나 또는 마치 그 재능이 우리 자신의 것처럼 뻐기고 있지 않는가?

누가복음 17장 10절을 읽어 보자.
우리의 봉사의 자세는 어떠해야 하는가?

(3) 요셉이 성실하게 하나님의 영광을 위하여 자신의 재
능을 사용했을 때 하나님께서는 그에게 큰 축복을 주
셨다.

그는 감옥에서 풀려났다.
그는 애굽의 총리가 되었다.

마태복음 25장 21절을 읽어 보자.
하나님께서는 적은 일에 충성된 사람에게 더 큰 일을 맡기
신다. 하나님께서 지금 우리에게 맡기신 일은 무엇인가?

우리는 그 일에 최선을 다하고 있는가?

적용

1. 요셉은 자기의 젊음을 하나님께 헌신하였다. 그러므로 그는 어떤
   유혹이라도 극복할 수 있었다. 그는 깨끗함을 유지하기 위하여 많
   은 고난을 당하였지만 그럼에도 불구하고 그는 범죄하지 않았다.

2. 요셉은 하나님께서 자기에게 주신 재능을 하나님의 영광을 위하여 성실하게 사용하였다. 그때 하나님께서는 그에게 더 큰 축복을 허락하셨다. 우리가 하나님께서 우리에게 맡기신 재능을 하나님과 이웃을 섬기기 위하여 성실하게 사용할 때 하나님께서 영광을 받으시고 더 큰 축복을 주신다.

『요셉의 생애를 통해 우리는 하나님의 은혜에 대한 놀라운 교훈을 배울 수 있다. 그는 역경 가운데서 하나님을 의뢰하고 그의 때를 기다렸다. 그는 순조로울 때에도 하나님을 의지하여 그분의 은혜가 족한 것을 깨달았다. 그같은 조화있는 생활은 계속되었다. 그의 마음은 지위가 낮아졌다고 시험에 빠지지 않았으며, 지위가 높아졌다고 교만해지지도 않았다. 주님께서 자기 종들을 중요한 지위로 높이신 것은 그들이 훈련을 통해 준비되었을 때였다. 자존심과 자족하는 마음이 상처를 입을 때에 모든 성도는 하나님의 능력이 자신을 겸손케 하시고 순전하게 하고 충성되게 하심을 알아야 한다.

- 그리피스 토마스(W.H. Griffith Thomas)』

4. 마리아의 헌신

"여섯째 달에 천사 가브리엘이 하나님의 보내심을 받들어 갈릴리 나사렛이란 동네에 가서 다윗의 자손 요셉이라 하는 사람과 정혼한 처녀에게 이르니 그 처녀의 이름은 마리아라 그에게 들어가 가로되 은혜를 받은 자여 평안할찌어다 주께서 너와 함께하시도다 하니 처녀가 그 말을 듣고 놀라 이런 인사가 어찌함인고 생각하매 천사가 일러 가로되 마리아여 무서워 말라 네가 하나님께 은혜를 얻었느니라 보라 네가 수태하여 아들을 낳으리니 그 이름을 예수라 하라 저가 큰 자가 되고 지극히 높으신 이의 아들이라 일컬을 것이요 주 하나님께서 그 조상 다윗의 위를 저에게 주시리니 영원히 야곱의 집에 왕노릇 하실 것이며 그 나라가 무궁하리라 마리아가 천사에게 말하되 나는 사내를 알지 못하니 어찌 이 일이 있으리이까 천사가 대답하여 가로되 성령이 네게 임하시고 지극히 높으신 이의 능력이 너를 덮으시리니 이러므로 나실바 거룩한 자는 하나님의 아들이라 일컬으리라 보라 네 친족 엘리사벳도 늙어서 아들을 배었느니라 본래 수태하지 못한다 하던 이가 이미 여섯 달이 되었나니 대저 하나님의 모든 말씀은 능치 못하심이 없느니라 마리아가 가로되 주의 계집 종이오니 말씀대로 내게 이루어지이다 하매 천사가 떠나가니라" – 누가복음 1장 26–38절

1. 천사 가브리엘이 마리아를 방문하였을 때, 마리아는 어떤 상태에 있었는가?(26절)

하나님께서는 마리아가 정혼하여 마음이 가장 부풀고 행복했을 때 헌신할 것을 요구하셨다. 하나님은 우리가 어떤 상태에 있든지 그분이 필요로 하실 때 우리의 헌신을 요구하신다.

2. 하나님께서 마리아에게 어떤 사명을 맡기셨는가?(31-33절)

하나님께서는 처녀가 감당하기 가장 힘든 사역을 마리아에게 맡기셨다. 하나님께서 우리에게 맡기신 일이 우리에게는 어려울 때도 있다.

3. 마리아가 가브리엘의 말을 듣고 어떻게 반응하였는가?(34절)

하나님께서는 가끔 우리가 지식으로 납득할 수 없는 일도 시키신다. 하지만 전능하신 하나님은 우리가 헌신하면 하나님의 능력으로 그 일을 이루신다(35절).

4. 자기에게 맡겨진 사명을 마리아는 어떻게 받아 들였는가? (38절)

마리아가 그와 같이 헌신할 수 있었던 근거는 무엇인가? (37절)

그 당시 처녀가 임신하면 파혼을 당하는 것은 물론이거니와 율법에 의해 사람들로부터 돌에 맞아 죽게 되어 있었다. 그런데도 마리아는 목숨을 두려워하지 않고, 사람들에게 받게 될 모욕과 부끄러움도 개의치 않고 자기 자신을 드려 하나님께 헌신하였다.

우리는 사람들에게 부끄러움을 당할까 봐 헌신을 포기한 경험이 있는가?

"성경에 이르되 누구든지 저를 믿는 자는 부끄러움을 당하지 아니하리라 하니" – 로마서 10장 11절

하나님께서는 우리가 하나님께 헌신할 때 무엇을 약속하여 주셨는가?

적용

마리아가 고난을 감수하며 부끄러움을 개의치 않고 자기 자신을 하나님께 헌신했을 때 하나님께서는 마리아의 헌신을 통하여 위대한 메시아의 구속 사역을 이루셨다. 우리가 부끄러움 때문에 헌신하지 못한다거나 또는 납득할 수 없다는 이유 때문에 헌신하지 못한다면 하나님께서 우리를 통하여 이루고자 하셨던 큰일들이 지장을 받게 된다.

『마리아는 모세의 책과 시편과 선지자들의 기록을 통해서 하나님을 알고 있었다. 그녀는 역사 가운데 하나님께서 자기 민족에게 하신 일을 알고 있었기 때문에 마음속에 하나님에 대한 깊은 경외심을 가지고 있었다. 그녀는 자기 민족을 위해서 뿐 아니라 어떤 개인을 위해서도 하나님께서 이루신 일들을 알고 있었다. 그녀는 하나님을 경외하는 사람에 대한 하나님의 은혜로우심에 대하여 알고 있었으며, 하나님께서는 약한 사람들을 통해서 역사하신다는 사실도 알고 있었다. 그녀는 자기가 아무 지위도 재산도 없다는 것을 잘 알고 있었다. 그것이 하나님께서 그녀를 택하신 이유이다. 마리아는 하나님의 가장 비천한 종이 되기위해 자신을 기꺼이 희생하였다.
"말씀대로 내게 이루어지이다"
– 기엔 카젠(Gien Karssen)』

5. 삼손의 실패

"삼손이 여호와의 신에게 크게 감동되어 손에 아무 것도 없어도 그 사자를 염소 새끼를 찢음 같이 찢었으나 그는 그 행한 일을 부모에게도 고하지 아니하였고 그가 내려가서 그 여자와 말하며 그를 기뻐하였더라 얼마 후에 삼손이 그 여자를 취하려고 다시 가더니 돌이켜 그 사자의 주검을 본즉 사자의 몸에 벌떼와 꿀이 있는지라 손으로 그 꿀을 취하여 행하며 먹고 그 부모에게 이르러 그들에게 그것을 드려서 먹게 하였으나 그 꿀을 사자의 몸에서 취하였다고는 고하지 아니하였더라 삼손의 아비가 여자에게로 내려가매 삼손이 거기서 잔치를 배설하였으니 소년은 이렇게 행하는 풍속이 있음이더라 무리가 삼손을 보고 삼십명을 데려다가 동무를 삼아 그와 함께하게 한지라 삼손이 그들에게 이르되 이제 내가 너희에게 수수께끼를 하리니 잔치하는 칠일 동안에 너희가 능히 그것을 풀어서 내게 고하면 내가 베옷 삼십 벌과 겉옷 삼십 벌을 너희에게 주리라 그러나 그것을 능히 내게 고하지 못하면 너희가 내게 베옷 삼십 벌과 겉옷 삼십 벌을 줄찌니라 그들이 이르되 너는 수수께끼를 하여 우리로 듣게 하라 삼손이 그들에게 이르되 먹는 자에게서 먹는 것이 나오고 강한 자에게서 단 것이 나왔느니라 그들이 삼일이 되도록 수수께끼를 풀지 못하였더라 제 칠일에 이르러 그들이 삼손의 아내에게 이르되 너는 네 남편을 꾀어 그 수수께끼를 우리에게 알리게 하라 그렇지 아니하면 너와 네 아비의 집을 불사르리라 너희가 우리의 소유를 취하고자 하여 우리를 청하였느냐 그렇지 아니하냐 삼손의 아내가 그의 앞에서 울며 가로되 당신이 나를 미워할 뿐이요 사랑치 아니하는도다 우리 민족에게 수수께끼를 말하고 그 뜻을 내게 풀어 이르지 아니하도다 삼손이 그에게 대답하되 보라 내가 그것을 나의 부모에게도 풀어 고하지 아니하였거든 어찌 그대에게 풀어 이르리요 하였으나 칠일 잔치할 동안에 그 아내가 앞에서 울며 강박함을 인하여 제 칠일에는 그가 그 아내에게 수수께끼를 풀어 이르매 그 아내가 그것을 그 민족에게 고하였더라 제 칠일 해 지기 전에 성읍 사람들이 삼손에게 이르되 무엇이 꿀보다 달겠으며 무엇이 사자보다 강하겠느냐 한지라 삼손이 그들에게 대답하되 너희가 내 암송아지로 밭갈지 아니하였더면 나의 수수께끼를 능히 풀지 못하였으리라 하니라 여호와의 신이 삼손에게 크게 임하시매 삼손이 아스글론에 내려가서 그곳 사람 삼십명을 쳐 죽이고 노략하여 수수께끼 푼 자들에게 옷을 주고 심히 노하여 아비 집으로 올라갔고 삼손의 아내는 삼손의 친구 되었던 그 동무에게 준바 되었더라" – 사사기 14장 6–20절

1. 삼손에게는 큰 힘이 있었다. 그 힘은 어디에서 나온 것이었는가?(삿 14:19 / 삿 15:14 / 삿 16:17)

2. 하나님께서는 어떤 목적을 위하여 삼손에게 힘을 주셨는가? 다시 말해 삼손의 사명은 무엇이

없는가?(삿 13:5)

3. 삼손은 하나님께서 맡기신 능력을 어떤 일에 사용하였는가?

● 사사기 14:5-9

● 사사기 14:19,20

● 사사기 15:1-8

삼손은 하나님께서 귀한 사명을 위하여 자기에게 맡겨주신 힘을 자기의 사명을 이루기 위하여 결코 사용하지 않았다. 사사기 16장 1-22절을 읽어 보자.

그는 자기의 사명을 이루기 위하여 노력하기보다 정욕에 사로잡혀 방탕한 삶을 살았다.

4. 결국 삼손은 하나님께 어떤 벌을 받았으며, 사람들에게 어떤 부끄러움을 당하였는가?(20,21절)

하나님께서 맡겨 주신 재능을 잘 관리하지 못할 때 하나님께서는 반드시 그 책임을 물으신다.

"또 어떤 사람이 타국에 갈제 그 종들을 불러 자기 소유를 맡김과 같으니 각각 그 재능대로 하나에게는 금 다섯 달란트를, 하나에게는 두 달란트를, 하나에게는 한 달란트를 주고 떠났더니 다섯 달란트 받은 자는 바로 가서 그것으로 장사하여 또 다섯 달란트를 남기고 두 달란트 받은 자도 그같이 하여 또 두 달란트를 남겼으되 한 달란트 받은 자는 가서 땅을 파고 그 주인의 돈을 감추어 두었더니 오랜 후에 그 종들의 주인이 돌아와 저희와 회계할쌔 다섯 달란트 받았던 자는 다섯 달란트를 더 가지고 와서 가로되 주여 내게 다섯 달란트를 주셨는데 보소서 내가 또 다섯 달란트를 남겼나이다 그 주인이 이르되 잘 하였도다 착하고 충성된 종아 네가 작은 일에 충성하였으매 내가 많은 것으로 네게 맡기리니 네 주인의 즐거움에 참예할찌어다 하고 두 달란트 받았던 자도 와서 가로되 주여 내게 두 달란트를 주셨는데 보소서 내가 또 두 달란트를 남겼나이다 그 주인이 이르되 잘 하였도다 착하고 충성된 종아 네가 작은 일에 충성하였으매 내가 많은 것으로 네게 맡기리니 네 주인의 즐거움에 참예할찌어다 하고 한 달란트 받았던 자도 와서 가로되 주여 당신은 굳은 사람이라 심지 않은데서 거두고 헤치지 않은데서 모으는 줄을 내가 알았으므로 두려워하여 나가서 당신의 달란트를 땅에 감추어 두었었나이다 보소서 당신의 것을 받으셨나이다 그 주인이 대답하여 가로되 악하고 게으른 종아 나는 심지 않은데서 거두고 헤치지 않은데서 모으는 줄로 네가 알았느냐 그러면 네가 마땅히 내 돈을 취리하는 자들에게나 두었다가 나로 돌아와서 내 본전과 변리를 받게 할 것이니라 하고 그에게서 그 한 달란트를 빼앗아 열 달란트 가진 자에게 주어라 무릇 있는 자는 받아 풍족하게 되고 없는 자는 그 있는 것까지 빼앗기리라 이 무익한 종을 바깥 어두운데로 내어쫓으라 거기서 슬피 울며 이를 갊이 있으리라 하니라

– 마태복음 25장 14–30절

우리는 하나님께서 맡겨 주신 사명을 이루기 위하여 우리의 재능을 지혜롭게 관리하며 최선을 다하여 섬기고 있는가?

사도 바울은 실패하지 않기 위하여 어떤 노력을 하였는가?(고전 9:27)

적용

1. 삼손은 블레셋 손에서 이스라엘을 구원하기 위하여 하나님으로부터 큰 능력을 받았지만 자기의 재능을 잘 관리하지 못하여 실패하고 말았다.

2. 다음 질문에 따라 우리의 삶을 정리하여 보자.
   (1) 하나님께서 우리에게 어떤 재능을 주셨는가?

   (2) 우리에게 맡겨진 사명은 무엇인가?

   (3) 우리는 우리에게 맡겨진 사명을 이루기 위하여 우리에게 주어진 재능을 지혜롭게 관리하는가?

『모세와 삼손! 그들의 힘, 소명, 재능, 성품, 운명과 삶과 문학에 끼친 영향은 얼마나 대조적인가! 한 사람은 지적인 지도자로서 애굽의 모든 지식을 갖춘 사람이었고 또 한 사람은 완력과 책략과 거인 같은 원동력을 지닌 사람이었다. 모세의 일생은 한 편의 긴 서사시였고 삼손의 일생은 한 편의 짧은 비극이었다. 모세는 하나님의 사람이었고, 삼손은 백성의 사람이었다.

삼손은 그의 입술로 복수의 기도를 드리며 죽어갔고 모세는 오경을 기록하였고 삼손은 우리에게 수수께끼를 주었다. 모세는 120년을 살면서 한 나라를 세웠고 그의 율법은 30세기 동안 전

승되어 왔다. 삼손의 짧은 경력은 영구한 승리나 기념을 남기지 못하고 한 지역의 재난 속에 끝이 났다.

이 두 인물은 그와 같이 다르다! 그러나 한 가지 그들이 공통적으로 가지고 있었던 것이 있다. 그것은 동일한 믿음이다. 그러나 동일하게 신실했던 것은 아니다.

― 사무엘 쯔웨머(Samuel M. Zwemer) 』

4

예화

멘델스존은 우리가 잘 아는 19세기 독일 출생의 세계적인 작곡가이다.

멘델스존이 프리드베르크라는 곳의 오래된 예배당을 방문했을 때의 일이다. 예배당 안에 거대한 파이프 오르간이 장치되어 있는 것을 안 멘델스존은 그 오르간을 한 번 연주해 보고 싶어서 관리하는 노인에게 "연주해 봐도 되겠습니까?"라고 정중하게 물었다. 그러자 그는 못마땅히 여기며 거절했다. 멘델스존이 간청하니 나중에는 마지못해서 한 번 쳐보라고 했다.

잠시 후 멘델스존이 오르간 앞에 앉았다. 그의 손과 발이 오르간에 닿자 드디어 천둥과 같은 선율이 그 큰 예배당 안을 황홀하게 채워 아름다운 감격이 넘실거리는 바다와 같이 되었다.

꿈같은 시간이 어느덧 지나가고 오르간을 연주하던 손을 멈춘 멘델스존이 자리에서 일어났다. 그러자 취한 듯이 어리벙벙하게 서있던 노인이 물었다.

"선생님은 도대체 누구십니까?"

"네, 저는 멘델스쵼입니다."

그러자 깜짝 놀란 노인이 다음과 같이 말했다.

"하마터면 제가 큰 잘못을 저지를 뻔했군요. 당신처럼 위대한 음악가가 이 오르간을 만지지도 못하게 할 뻔하다니…."

왜 우리는 살아계시는 하나님이 우리를 만지고 우리의 인생을 연주하도록 내어드리지 않는가? 그리스도는 생명과 사랑과 평강의 대 연주자이시다.

생쥐 한 마리와 큰 코끼리가 함께 한 팀이 되어 길동무로 여행을 하고 있었다. 가다 보니 큰 다리를 건너게 되었다. 두 길동무는 한 팀이 되어서 다리를 건넜다. 다리가 흔들리는 것 같았다. 다 건너와서 생쥐가 뒤를 돌아보며 말했다.

"아휴! 우리가 저 육중한 다리를 거의 흔들어 놓았단 말이야?"

생쥐 혼자서는 꿈도 꿀 수 없는 불가능한 일이었으나 한 팀으로 '우리'가 되었을 때는 가능한 일이었다.

하나님을 위해서 위대한 업적을 남긴 많은 사람은 다들 연약한 사람들이었다. 그러나 그들은 전능하시고 크시며 살아 계신 그리스도와 한 팀이 되었을 때 그러한 일을 능히 성취할 수 있었다.

영국의 한 농부가 생각했다.

"세상이 사람을 필요로 하는구나. 참으로 선하고 강한 사람을 필요로 하는구나."

그는 순간 "네가 바로 그 사람이다"라는 음성을 들은 것 같았다.

경건한 그리스도인인 그는 매일 습관처럼 그날 저녁에도 성경을 읽었다. 빌립보서를 읽던 중 "내게 능력 주시는 자 안에서 내가 모든 것을 할 수 있느니라"(4장 13절)라는 말씀을 읽었을 때 그의 마음에는 믿음과 뜨거운 확신이 있었다.

"그렇다. 사도 바울의 그리스도는 나의 그리스도도 되신다."

그는 구원의 생수를 마실 수 있었다고 했다.

이 농부가 바로 유럽 역사의 유명한 영국의 청교도 공화정부의 지도자 크롬웰이다. 크롬웰은 전쟁터에서도 기도를 하고 성경을 읽었다. 싸움이 치열해도 그는 항상 선두에서 지휘를 했다. 한 번은 갑자기 그가 말에서 떨어졌다. 적의 총탄이 크롬웰을 맞힌 것이었다. 그는 삶의 마지막이 온 줄을 알고 정신이 멍멍해서 누워있었는데 이상하게도 아픈 곳이 없었다. 크롬웰은 일어나서 웃옷을 벗어 보았다. 피가 번져 나와야 할 터인데 깨끗했다. 살펴보니 총알은 주머니에 있던 성경에 박혀 있었다. 총알은 전도서 12장 1절에 머물러 있었다. 그 말씀은 "너는 청년의 때에 너의 창조주 하나님을 기억하라"였다.

아프리카에는 펠리칸이라는 새가 있는데 그 새는 새끼를 위해서 먹이를 물어다 먹이다가 나중에 죽을 때가 되면 자기의 부리로 자신의 앞가슴의 털을 모두 뜯어내고 피를 나게 해서 자신의 피까지 새끼에게 먹인 후에 쓰러져 숨을 거둔다고 한다.

이 새는 그리스도의 희생을 상징하기도 하고 슈바이처 박사의 희생도 상징한다.

프랑스 전쟁 때 오른팔에 총탄을 맞은 어느 사병이 육군 병원에서 수술을 받게 되었는데 결국에는 그 팔을 자르게 되었다.

그래서 하루는 군의관이 찾아와서 "안타까운 일입니다만 당신의 팔을 이제 잃어버리게 되었소"라고 말하자 그 사병이 대답하기를 "내 팔을 잃어버린 것이 아니라 내 팔을 조국에 바친 것이오"라고 대답했다는 것이다.

내 몸을 주님을 위하여 바친다는 것은 정말 귀한 일이다.

충남 대전의 어느 교회에서 한 목사님이 부흥회를 인도했는데 어느 할머니가 자신의 자녀 하나를 전도하지 못한 것을 부끄럽게 생각했다.

어느 날 새벽 6시경 기도회를 인도하던 중 기도실에서 비명소리가 들려서 쫓아가 보았더니 그 할머니가 성경 책으로 손바닥에 못을 박고는 피를 흘리며 창백한 얼굴로 비명을 지르고 있었다.

"할머니, 웬일이세요?"

"나는 하나님께 죽을 죄를 범해서 부끄럽습니다.

자녀가 셋인데 큰 아들은 지금 주점을 하고 있고 둘째 아들은 이발소를 하고 있고 셋째는 다방을 하고 있는데 한 놈도 예수를 믿지 않고 있습니다. 나는 이때까지 믿어도 아들 하나 구원시키지 못했습니다. 이 죽을 죄인이 어디 있습니까? 예수님의 십자가의 못 자국은 인류를 구원하는 능력이 있었는데 이 죄인의 못 자국은 내 아들들을 구원하지 못하겠습니까?"

이 소식을 아들들에게 알리자 아들들이 달려와 할머니께 못을 뽑으라고 간청했다. 그러나 할머니는 오히려 이렇게 말했다.

"이 못을 빼는 것보다 너희 속에서 죄악을 뽑아라. 너희들이 예수 믿고 회개하지 않으면 나는 여기서 죽겠다."

결국 아들들은 회개하고 예수 믿기로 결심을 하였고 후에는 신앙생활을 잘 했다고 한다.

이 어머니는 피 흘림으로 아들들을 구원으로 인도한 것이다.

웨슬레가 하루는 교회에서 설교하는데 앞자리에 욕심 많은 부자가 앉아 있었다.

그때 웨슬레 선생은 설교 중에 "여러분, 여러분이 할 수 있는 대로 돈을 많이 버십시오"라고 하자 그 부자는 "아멘, 아멘"이라고 화답하였다.

그다음에 "할 수 있는 대로 많이 벌어서 많은 사람에게 나누어 주십시오"라고 설교하자 그 부자의 입에서 아멘 소리가 그치고 갑자기 얼굴이 일그러졌다.

웨슬레 선생은 우리 믿는 사람들이 남보다 더 돈을 많이 벌고 저축한 것을 남을 위하여 헌신하며 쓰라고 강조하였다.

어떤 사람이 죽을 병에 걸려 몹시 고통을 받고 있었다. 그가 과거의 모든 자기 잘못을 마음속으로 회개하면서 "주여, 나를 한 번만 살려주시면 남은 생애 전부를 주께 드리리이다"라고 기도하였다. 이 결심을 한 후 그는 가지고 있는 전 재산을 하나님에게 바치겠다고 마음먹었다.

그 후 점점 상태가 나아져서 마침내 앉아서 요양을 하게 되었다. 그렇게 되자 그는 '내 재산이 굉장히 많으니 그 절반만 바치고 절반은 내가 사업을 해야지'라고 생각하였다.

그 후 얼마 안 돼서 퇴원을 하게 되었다. 이때 그의 마음속에는 '내 재산의 절반이라고 하면 웬만한 부자보다 많은 것이니 이것을 반의 반만 드려도 많을 것'이라고 생각했다. 그래서 그가 교회에 나왔을 때는 재산의 1/4만을 헌금했다고 한다. 사람은 생명에 대한 애착을 가질 때는 물질이 필요 없으나 삶에 대한 욕망이 있으면 물질에 눈이 어두운 것이다.

돈이라는 것은 물론 좋은 것이다. 그러나 돈으로 좋은 침대는 살지언정 깊은 잠은 못 살 것이다. 비싼 책은 얼마든지 살 수 있어도 명석한 두뇌는 돈으로 못 살 것이며, 음식은 마음대로 사겠으나 입맛은 못 산다. 아름다운 옷과 장식은 사서 걸치겠으나 참된 미는 살 수 없고, 좋은 집은 사겠으나 행복한 가정은 못 살 것이며, 약은 살 수 있으나 건강은 살 수 없다. 사치는 마련되겠으나 교양은 돈으로 구할 수 없고, 향락은 사겠으나 행복은 소유하지 못한다. 돈 주고 종교를 구하고 인정은 받겠으나 돈 주고 천국의 영생은 못 사는 것이다.

그러고 보면 주님 믿는 신앙보다 돈을 더 높이 평가하고 사는 사람은 성경의 말씀대로 틀림없이 어리석은 사람이 아닐 수 없다.

헌신이라는 행위는, 소유주로서의 그리스도의 권리를 인정하여 받아들이고 "주여, 나는 본래 당신의 것입니다. 그러므로 당신의 것으로 되는 길을 택하기를 원하고 있습니다"라고 마음에서 주께 아뢰는 것이다.

옛 이스라엘의 용사들은 자진하여 줄기찬 강물을 헤엄쳐 건너가, 비록 왕위에서는 쫓겨났지만 하나님에 의해 세워진 사람인 다윗 왕에게로 갔다. 그리고 다윗을 만나 울면서 말했다.

"이새의 아들 다윗이여 우리는 당신의 것 당신의 편입니다"라고.

그들은 다윗의 편이었다. 하나님께서 그들을 다윗에게 주고 계셨기 때문이다. 그러나 그들은 자진하여 기꺼이 그의 것이 되기 전에는 만족할 수가 없었다. 그렇다면 우리는 어찌하여 같은 일을 예수 그리스도에게 말하지 못할까?

"주 예수여, 우리는 본래 당신의 것입니다. 그런데도 이렇게 오랫동안 나 자신의 것인 양 생활해 온 것을 용서하여 주시옵소서. 지금이야말로 당신이 나의 전유물을, 전 존재를 요구할 정당한 권리를 가지고 계심을 나는 기꺼이 승인합니다. 오늘부터 나는 당신의 것으로서 생활하고 싶습니다. 지금 나는 나 자신을 당신께 드립니다. 이는 사나 죽으나 당신의 것, 완전히 영원토록 당신의 것이 되기 위해서입니다."

아무쪼록 하나님과 언약을 맺으려 하지 말라. 언약을 깨뜨리고 실망에 빠지면 안 되기 때문이다. 응당 그리스도께 속한 자로서, 고요히 올바른 태도를 취하도록 하라. '나는 누구의 것인가? 또한 누구에게 쓰이고 있는 것일까?'라는 고귀한 자각을 당신의 모토로 삼으라.

벨기에의 성직자 다미안은 하와이의 몰로카이 섬에 있는 버림받은 나병환자들을 찾아가 동거하면서 전도하다가 감염되어 세상을 떠나게 되었다. 그는 종말이 가까워 오자 급한 모든 사무를 정리하고 조용히 자리에 누운 후 다음과 같이 말했다.

"모든 것을 전부 다 바친 나는 참으로 행복하다. 지금 완전히 가난한 그대로 죽고자 한다. 나 자신의 것이라고 이름 붙일 만한 것은 아무것도 없다."

행복과 기쁨을 가져오는 것은 오직 주님을 위한 헌신뿐이다.

"그러므로 내 사랑하는 형제들아 견고하며 흔들리지 말며 항상 주의 일에 더욱 힘쓰는 자들이 되라 이는 너희 수고가 주 안에서 헛되지 않은 줄을 앎이니라"(고전 15:58)

마리안 앤더슨은 가수로 활동하던 초기에 실패와 실망에 짓눌려서 두 번 다시 노래할 수 없게 되었다고 느꼈던 때의 일을 감동적인 말로 표현했다. 서서히 기도와 영혼의 표박(漂泊)을 거친 그녀는 자신의 길을 개척해 나갈 신념과 용기를 되찾았다. 그리고 어느 날 기쁨에 못 이기며 어머니에게 말했다.

"어머니, 이제 노래를 부르고 싶어졌어요. 노래를 불러 모두에게서 사랑받고 싶어졌어요. 나는 무엇이든 완전히 할 수 있게 되고 싶어요."

앤더슨의 어머니는 대답했다.

"참 훌륭한 목표를 세웠구나. 예수님은 이 세상에 계시는 동안 모든 인간 중 누구보다도 완전한 행위를 하셨지만 누구나로부터 사랑받을 수는 없었지. 위대하기 전에 우선 헌신하지 않으면 안 되는 것이다."

앤더슨은 마음속으로부터 감동하여 그저 단순한 완전을 공상하는 것이 아니라 그것을 달성하기 위한 정진에 되돌아갔다. 위대해지기 전에 우선 헌신하지 않으면 안 된다.

위대한 이태리의 개혁자 가리발디가 어느 날 수 천명의 이태리 청년들 앞에서 연설하였다. 그는 조국의 자유를 위하여 분기탱천할 것을 권하였다. 이때 한 겁 많은 청년이 나서며 "선생님, 만일에 제가 나가 싸운다면 제게 무슨 보상이 있을 것입니까?"라고 물었다. 이에 대하여 전광과 같은 대답이 떨어졌다.

"보상? 그것은 다침, 상함 그리고 혹은 죽음이다. 그러나 기억할 것은 네 상처로 말미암아 이태리는 자유롭게 될 것이다."

이 말에 청년은 용기를 얻어 "그러면 나는 죽음을 취하렵니다"라고 말하며 싸움터로 향하였다.

주께 헌신하는 길에 있는 보상은 무엇인가? 같은 말로 대답할 수 있으니 다침, 상함, 죽음이다. 그러나 기억할 것은 그로 말미암아 영원히 자유롭게 될 것이라는 점이다.

에이브러햄 링컨은 1863년 11월 19일 게티즈버그에 있는 전몰 군인 묘지의 봉헌식에서 다음과 같이 말했다.

"우리는 지금 생명을 바친 군인들의 최후의 안식처로 이 땅을 봉헌하려고 왔습니다. 그러나 넓은 의미에서 우리는 이 땅을 봉헌할 수 없으며 우리는 이 땅을 성별할 수 없고 거룩하게 할 수 없습니다. 이곳의 용사들은 그들이 살았든지 죽었든지 또는 우리의 미약한 힘이 더 가해지든지 삭감되든지 우리의 힘보다 훨씬 더한 것으로 이미 이 땅을 봉헌했습니다. 그러므로 아직 완성되지 못한 일에 헌신해야 할 것은 오히려 살아 있는 우리에게 있는 것입니다. … 즉, 우리 앞에 남아 있는 큰 과제를 성취하기 위하여 우리의 몸이 바쳐져야 할 것입니다."

링컨 대통령의 이 말을 그대로 빌려서 그리스도인의 헌신에 관하여 적용시킨다면 이렇게 말할 수 있을 것이다.

"그러나 넓은 의미에 있어서 우리는 이미 구속받은 이 생명을 우리의 힘으로 봉헌할 수 없고 성별할 수 없으며 거룩하게 할 수 없다. 십자가에 자신을 내어 주사 못 박게 하신 그 생명이 이미 우리의 연약한 힘이 더 가해지든 삭감되든 간에 우리의 힘보다 훨씬 더한 것으로 이미 우리를 성별해 바치셨다. 우리는 눈을 들어 그리스도만을 바라보자. 우리는 이미 십자가에 못 박히도록 묶여 있다. 우리가 만일 그와 함께 죽으면 그와 함께 살리라는 것을 기억하자. 로마서 6장 8절에 기록된 말씀, 즉 우리가 그리스도와 하나 되어 같이 죽고 같이 부활에 참여했다는 이 복된 진리는 로마서 12장 1,2절에 나타난 헌신의 기초가 된다. 우리는 이제 우리의 몸이 이미 우리를 위한 번제의 속죄물이 되신 흠 없고 거룩한 자의 품에 두어짐으로 말미암아 비로소 우리는 그 안에서 하나님께 향기가 되는 것이다."

독재자 스탈린이 죽기 2년 전의 일이다.

소련의 모스크바 붉은 광장에 수만 명의 청년들이 다음과 같은 구호를 외치면서 스탈린의 앞을 행진하였다.

"우리는 굶주리고 헐벗었다. 그러나 우리는 세계를 나날이 발전시키고 있다."

그들에게 굶주림과 헐벗음이 있지만 그것이 있었기에 세계 공산화가 성공되어 가고 있는 것이요, 그러므로 영광스러운 일이며 기쁜 일이라는 뜻이다.

여기에서 크리스천의 헌신을 재고해 보지 않을 수 없다.

크리스천은 악의 세력을 근절시키기 위해, 나아가 복음의 세계 전파를 위해 얼마나 굶주렸으며, 얼마나 헐벗은 일이 있었는가를…?

미국의 윌슨 대통령이 몬태나 주의 빌링이라는 곳에서 기차를 세우고 간단한 연설을 할 때의 일이다.

두 명의 어린 소년이 경찰의 저지선을 넘어서 앞으로 나와 대통령과 그 부인 그리고 유명한 인사들이 자리한 곳 바로 밑에까지 와서 섰다.

그중 한 소년이 손에 들고 있던 작은 성조기를 번쩍 들어서 대통령에게 바치자 부인이 그 국기를 받아 들었다. 함께 나왔던 다른 소년은 침울한 표정을 지었다. 왜냐면 그에게는 국기가 없었기 때문이다. 그는 무슨 생각을 했는지 얼른 자기의 호주머니를 뒤지기 시작했다. 그리고 무엇을 찾아 손에 쥐고는 대통령에게 뻗쳤다. 그것은 10센트 짜리 동전이었다. 대통령은 몸을 구부려서 그 소년의 선물을 받았다.

이야기는 여기서 끝난 것이 아니다. 그 후 5년이 지나서 윌슨 대통령이 세상을 떠났다. 유품을 정리하던 부인이 대통령의 지갑을 열어 보았더니 지갑의 따로 된 칸에 5년 전 소년에게 받은 선물인 10센트 짜리 동전이 종이에 싸인 채로 넣어져 있었다. 대통령은 어디를 가든지 소년에게 받은 그 선물을 항상 몸에 지니고 다닌 것이다.

하나님의 자녀 된 성도들이 바치는 예물은 주님께서 이처럼 기억하시고 간직하심을 믿자.

피아노 음악의 위대한 천재 프레데리크 쇼팽은 평생을 약한 몸으로 싸웠던 사람이다. 그러나 그는 힘든 일에도 자기 자신을 뜨겁게 헌신했다. 비록 40세가 되기 전에 세상을 떠났으나 그는 음악 역사에 빛나는 거성이 되었다.

영문학에 있어서 잊힐 수 없는 나다니엘 호손은 어려서부터 절름발이 불구자로 밖에 나가 놀 수도 없는 몸이었지만 문학사에 큰 탑을 세웠다.

독일의 시인 하이네는 척추병으로 생애의 마지막 8년 동안은 누워서만 살았다. 그러나 고통 어린 그의 침상으로부터 세계의 영원한 시간에 메아리치는 위대한 시가 흘러나온 것이다.

사무엘 존슨은 지금도 유명한 『영국시인전』을 만들어 내었고 옥스퍼드 대학의 교수가 된 사람이지만 그는 평생을 매우 심한 육신의 고통 중에서 산 사람이었다.

영문학의 대가 찰스 램은 심한 말더듬이어서 대학 입학도 거절당한 사람이었고 자기의 누이가 정신병에 걸려 어머니를 죽였으나 그 누이를 평생 간호한 사람이었다. 그러나 그는 대문호가 되는 업적을 남겼다.

존 밀턴은 44세에 소경이 되었다. 그러나 소경 밀턴이 『실낙원』이라는 위대한 책을 완성했다.

찬송가 중에서도 아름다운 찬송을 많이 기록한 화니 크로스비 여사는 어려서 의사의 실수로 소경이 되었으나 귀한 찬송 시를 많이 썼다.

베토벤은 음악가로서는 치명적인 귀머거리가 되었으나 그럼에도 불후의 대 명곡을 써 냈다.

우리 역시 주어진 모든 상황을 받아들이고 그것을 통해 하나님의 더 큰일을 이루도록 헌신해야 하지 않겠는가!

NOTE

망망한 바다 한가운데서 배 한 척이 침몰하게 되었습니다.
모두들 구명보트에 옮겨 탔지만 한 사람이 보이지 않았습니다.
절박한 표정으로 안절부절 못하던 성난 무리 앞에 급히 달려 나온 그 선원이
꼭 쥐고 있던 손바닥을 펴 보이며 말했습니다.
"모두들 나침반을 잊고 나왔기에… "
분명, 나침반이 없었다면 그들은 끝없이 바다 위를 표류할 수 밖에 없을 것입니다.

우리는 삶의 바다를 항해하는 모든 이들을 위하여
그 나침반의 역할을 하고 싶습니다.
우리를 구원하신 위대한 주 예수 그리스도를 널리 전하고 싶습니다.

"하나님은 모든 사람이 구원을 받으며
진리를 아는 데에 이르기를 원하시느니라"
(디모데전서 2장 4절)

힘을 다하여 **주님께 헌신하라**
김장환 목사와 함께 / 주제별 설교 · 성경공부 · 예화 자료

발행처 | 나침반출판사
발행인 | 김용호

개정판 | 2021년 7월 15일

등   록 | 1980년 3월 18일 / 제 2-32호
본   사 | 07547 서울특별시 강서구 양천로 583
          블루나인 비즈니스센터 B동 1607호
전   화 | 본사 (02) 2279-6321 / 영업부 (031) 932-3205
팩   스 | 본사 (02) 2275-6003 / 영업부 (031) 932-3207
홈   피 | www.nabook.net
이   멜 | nabook365@hanmail.net

ISBN 978-89-318-1618-1
책번호 마-1201

※이 책은 김장환 목사님의 설교 자료와
여러 자료를 정리 편집해 만들었습니다.

값은 뒤표지에 있습니다.